AF358558

LIVRES JAPONAIS

ILLUSTRÉS

La Vente aura lieu le Mardi 13 *Novembre* 1928

A deux heures précises

HOTEL DROUOT, Salle n° 8

Par le ministère de Mᵉ F. LAIR DUBREUIL, COMMISSAIRE-PRISEUR

6, rue Favart, 6

Assisté de M. CHARLES VIGNIER, EXPERT

4, rue Lamennais, 4

Les livres seront visibles chez l'Expert du 1ᵉʳ au 11 Novembre.

ORDRE DE LA VACATION

L'ordre du Catalogue sera rigoureusement suivi.

CONDITIONS DE LA VENTE

Elle sera faite au comptant.

Les acquéreurs paieront **19,50 pour 100** en sus des enchères pour les ouvrages dont le prix d'adjudication sera supérieur à 300 francs le volume et **14,50 pour 100** pour ceux qui n'atteindront pas ce prix.

L'expert se réserve le droit, dans l'intérêt de la vente, de réunir ou de diviser les lots.

96.178. — Imprimerie Lahure, 9, rue de Fleurus, à Paris. — 1928.

CATALOGUE

Dressé par M. CHARLES VIGNIER

En collaboration avec Mlle M. DENSMORE

DE LA

BIBLIOTHÈQUE

DE

LIVRES JAPONAIS

ILLUSTRÉS

APPARTENANT A M. ÉMILE JAVAL

DEUXIÈME PARTIE

PARIS, 1928

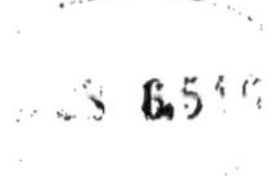

LIVRES JAPONAIS ILLUSTRÉS

1 — Honami Koyetsu. *Kasen Koyetsu*. Les poètes de Koyetsu.

Ni préface ni colophon. Libraire éditeur Giokusendo à Kyoto.

Un ouvrage semblable est décrit catalogue Javal 1ᵉ partie, n° 1, mais ici le format est diminué, c'est évidemment une seconde édition.

1 vol., haut., 309 millim.; larg., 217 millim., contenant 36 pages de gravures en noir.

Beau tirage. Exemplaire en assez bon état. Trous de vers dans le texte.

2 — Anonyme. *Rikwa no Zu Narabini Suna Mono*. Arrangement de fleurs. C'est le titre donné par la fiche extérieure. — *Reproduction, pl. V*.

A la première page, le titre : *Rokakudo Ikénobo Narabini Montei Rikwa Suna no Mono Zu*. Arrangements de fleurs par Rokakudo Ikénobo et ses disciples.

Fin signée : Ikaé Sanzayemon, cachet Hitosuji. Date Mizunoto Ushi, 13ᵉ de Kwambun (1673). Mrs Brown cite un ouvrage d'arrangements de fleurs de l'école Ikénobo paru en 1681 avec un titre différent.

1 vol., haut., 350 millim.; larg., 250 millim., contenant 100 pages de gravures en noir coloriées à la main.

Très bon état intérieur. On regrettera le coloriage de ces bois intéressants.

3 — Anonyme. *Heiké Monogatari*. Récits sur la famille Taïra.

Fin datée Mizunoé Inu, 2ᵉ de Tenwa (1682). Il est dit : Après un examen minutieux Ippo Kengio (titre donné aux aveugles) fit éditer ce livre. Possesseur Kura no Maé Bunko. Mrs Brown ne cite pas cet ouvrage.

12 vol., haut., 273 millim.; larg., 195 millim., contenant 160 pages de gravures en noir.

Très bel ouvrage, peu connu, en tirage et en état satisfaisants.

4 — Anonyme. *Onna Hyakunin Isshu*. Cent poésies de femmes. — *Reproduction, pl. I*.

Pas de préface.

Petite postface signée : Izumeishi Meitsune. Date Tatsu, 5ᵉ de Teïkio (1688). Éditeurs Nishimura Hambei à Yédo et Yorozuya Shobei; l'adresse de ce dernier est illisible. Une note manuscrite dit que cet ouvrage est l'œuvre de Moronobu à l'époque de Genroku. Cette attribution semble douteuse, mais je n'ai pu identifier cet ouvrage.

2 vol., haut., 269 millim.; larg., 192 millim., contenant 100 pages de gravures en noir.

Assez bon tirage. État moyen.

5 — ANONYME. *Nikiu Banaschi.* Contes de Nikiu (parodie des contes du bonze Ikkiu.)

Préface signée : Renjitsuken, sans date.

Fin datée Tsuchinoï Tatsu, 5e de Teikio (1688). Éditeurs Nishimura Hambei à Yédo, Nagata Shobei et Yamamoto Hachizayémon à Rakuyo (Kyoto).

Après le colophon, une double page de postface signée : Riujiken.

5 vol., haut., 226 millim.; larg., 160 millim., contenant 14 pages de gravures en noir. (Manquent 10 feuillets dans le 1er volume, de 9 à 18.)

Tirage et état excellents.

6 — YOSHIDA HAMBEI (?) *Tsurézuré Gusa.* Recueil d'esquisses du bonze Kinko.

Préface signée : Yukoku Sanjin et datée Kanoto Hitsuji de Genroku (1691). On y donne le nom du compilateur : Mikiinjin.

Fin datée Kanoé Uma, 3e de Genroku (1690). Libraire Yoshida Shokondo Kagaya Zenzo à Naniwa, avec quatre feuillets d'annonces. Mrs Brown cite cet ouvrage sans date, en 2 volumes et lui donne Yoshida Hambei comme dessinateur.

5 vol. réunis en 2 vol., haut., 224 millim.; larg., 160 millim., contenant 33 pages de gravures en noir.

Tirage moyen. Bon état.

7 — ANONYME. *Ikoku Monogatari.* Histoire des pays étrangers.

Préface non signée. Rien à la fin. C'est le premier volume d'un ouvrage qui en comprenait deux ou trois.

1 vol., haut., 268 millim.; larg., 175 millim., contenant 35 pages de gravures en noir.

Document du plus haut intérêt. État médiocre. Bon tirage.

8 — ANONYME. *Hachizuki Saïsho no Kimi.* Roman de Hachizuki et de Saïsho no Kimi. — *Reproduction, pl. I.*

Pas de préface, pas de postface. Sur la page de garde, un possesseur écrivit quelques phrases du roman.

A la suite de cet ouvrage est relié un second roman intitulé : *Uméwaka*, nom du héros. Comme le premier, il n'a ni préface ni colophon.

4 vol. réunis en un seul (deux volumes pour chaque ouvrage), haut., 260 millim.; larg., 185 millim., contenant 18 pages de gravures en noir. Quelques-unes sont coloriées à la main.

Tirage assez bon. Condition moyenne. Quelques coloriages.

9 — ANONYME. *Sayo Arashi Monogatari.* L'orage nocturne. Roman dont l'action se passe aux enfers. — *Reproduction, pl. II.*

Ni préface, ni postface. Point de date ni de nom d'éditeur.

Cachets de possesseurs Daté Bunko et Kokocki.

7 vol., haut., 220 millim.; larg., 159 millim., contenant 98 pages de gravures en noir.

Rien n'indique que ce curieux ouvrage soit complet en 7 volumes. Tirage et état moyens.

10 — ANONYME. *Saïgyo Monogatari*. Histoire du bonze Saïgyo. — *Reproduction, pl. 1.*

Rien au début de l'ouvrage.

Fin, éditeur Shokwaï. Cachet de possesseur Hiranoya Zosho. Mrs Brown cite un ouvrage de Moronobu en deux volumes, daté 1682, et portant le titre *Saïgyo Waka Shuggyo*, qui pourrait être le même que celui ci-décrit.

3 vol., haut., 261 millim ; larg., 185 millim., contenant 12 pages de gravures en noir.

Tirage et état assez bons.

11 — ANONYME. *Onna Shorei*. Règles de cérémonies à l'usage des femmes.

Pas de préface.

Point de postface, ni de signature d'auteur. Le nom de l'éditeur qui devait se trouver dans des éditions antérieures a été supprimé; seule l'adresse est restée : Yédo, Nihonbashi. Mrs Brown cite le *Onna Shorei Shu.* en 7 volumes, paru en 1660 et dont Moronobu serait l'illustrateur.

4 vol. sur 5 (manque le 2e), haut., 229 millim ; larg., 157 millim., contenant 44 pages de gravures en noir.

Tirage moyen. Assez bon état.

12 — HISHIKAWA MORONOBU. *Hogen Monogotari*. Récits de la guerre entre les familles Taïra et Minamoto.

Pas de préface. Ni nom d'éditeur, ni date d'édition. Cachets de possesseurs Miyahara Okamura et Kiukosha. Mrs Brown décrit une édition de cet ouvrage datée 1666. Celle-ci où la date a disparu est évidemment postérieure. Duret décrit, n° 55, le *Kiri Hogen Ikusa Monogatari* de Moronobu en 6 volumes qui est un autre ouvrage.

3 vol., haut., 257 millim.; larg., 165 millim., contenant 19 pages de gravures en noir.

Tirage et état assez bons.

13 — MORONOBU. *Shinpan Bijin Ezukushi*. Recueil de beautés. édition nouvelle.

Préface portant le même titre, non signée et non datée. Cachets de possesseurs Shisei et Kobundo. Mrs Brown cite un ouvrage en un volume portant le même titre avec la date 1683. Ce serait le même que celui décrit catalogue Gonse, 3e vente, n° 394. L'exemplaire Gonse diffère du nôtre pour la 2e partie, qui pourrait être le 3e volume manquant ici.

L'exemplaire Duret, n° 36, est donné en 2 volumes, mais il est exactement semblable à l'ouvrage ci-décrit, c'est-à-dire que le dernier volume manque également. L'exemplaire Gonse est sans doute l'édition princeps; l'exemplaire Duret et celui ci-décrit doivent appartenir à une seconde édition augmentée. Il faudrait posséder un exemplaire complet pour juger avec certitude.

2 vol. sur 3 (manque le dernier), haut., 271 millim.; larg., 185 millim., contenant 52 pages de gravures en noir.

Beau tirage. État moyen.

14 — MORONOBU. *Shinpan Isé Monogatari Kashiragaki Sho Eiri Yomikusé.* Nouvelle édition illustrée de l'Isé Monogatari avec commentaires et prononciation. Au frontispice, le titre simplifié *Isé Kashiragaki.*

Postface signée : Tobei Shosho. Fin signée : Eshi Hishikawa Kichibei et datée du mois de mars. Éditeur Shogwaï. Mrs Brown signale 2 éditions en deux volumes de l'Isé Monogatari; l'une est datée 1669, l'autre 1678. Le catalogue Javal 1re partie, n° 10, en décrivait une autre portant la date 1679. Le catalogue Duret, n° 39 et le catalogue Haviland, 4e vente, n° 330, montrent des exemplaires non datés analogues à celui décrit ici. L'exemplaire Duret présentait deux volumes réunis en un seul, l'exemplaire Haviland 3 volumes.

3 vol., haut., 264 millim.; larg., 185 millim., contenant 31 pages de gravures en noir y compris les deux frontispices et deux pleines pages de gravures, l'une au début du 1er volume, l'autre du 2e. (L'exemplaire Duret n'a pas la pleine page de gravure au début du 2e volume.)

Beau tirage. Condition excellente.

15 — MORONOBU. *Bokuyo Kyoka Shu.* Poésies parodiques de Bokuyo.

Ni préface, ni postface. Point de date ni de nom d'éditeur. Cachet de possesseur Hachim njiva Zosho.

C'est ici la grande édition des poésies de Bokuyo, la première, que Mrs Brown date 1681. Plusieurs exemplaires de cette édition sont décrits, catalogue Haviland, 4e vente, n° 331 ; catalogue Gonse, 3e vente, n° 397 ; catalogue Duret, n° 23. Aucun ne porte de date.

2 vol. réunis en un seul, haut., 257 millim.; larg., 180 millim., contenant 21 pages de gravures en noir.

Bon tirage de l'édition princeps. Excellent état.

16 — MORONOBU. *Bokuyo Kyoka Shu.* Poésies parodiques de Bokuyo.

Préface non signée, non datée.
À la fin du 2e volume, l'éditeur Uroko Gataya dit que cet ouvrage étant devenu très rare, il le réédite sous une forme nouvelle en deux volumes. C'est ici l'édition décrite catalogue Javal 1re partie, n° 16 et catalogue Duret, n° 24, où la note de l'éditeur Uroko Gataya a disparu. C'est la deuxième édition des poésies de Bokuyo, en format réduit et montrant des illustrations différentes.

2 vol., haut., 223 millim.; larg., 155 millim., contenant 22 pages de gravures en noir. (Certaines portent des traces de gouache et de coloriage.)

Réédition de l'ouvrage précédent. Tirage et état assez bons. Coloriages.

17 — MORONOBU. *Kakémono Ezukushi.* Recueil de dessins pour kakémonos.

Postface signée : Eshi Hishikawa Shi Moronobu. Date 2e de Tenwa (1682). Éditeur Yamagataya, à l'adresse Tori Abaracho. Hayashi n° 1412 et catalogue Haviland, 4e vente, n° 328, qui décrit une édition de 1701.

1 vol. sur 3 contenant une partie du 2e volume et le 3e entièrement, haut., 298 millim.; larg., 209 millim., contenant 33 pages de gravures en noir.

Tirage magnifique de l'édition princeps. Conservation inégale. La plupart des pages sont en état parfait. D'autres sont tachées.

18 — MORONOBU. *Yokeï Tsukuri Niwa no Zu.* Modèles de jardins.

Petite préface non signée.

Postface de Moronobu. Fin signée : Nihon Eshi, Hishikawa Kichibei Moronobu. C'est ici l'édition postérieure sans les personnages, où la date et le nom de l'éditeur ont disparu. Elle est décrite catalogue Haviland, 7e vente, n° 474. L'édition princeps est décrite catalogue Javal, 1re partie, n° 15 et catalogue Odin, n° 9.

1 vol., haut., 257 millim.; larg., 179 millim., contenant 36 pages de gravures en noir.

Exemplaire bien conservé en tirage moyen.

19 — 'MORONOBU. *Hyakunin Isshu Zosansho.* Les cent poésies avec portraits et commentaires.

Préface non signée portant le même titre.

Postface datée de l'époque de Kécho (Kécho Ganréki), 1re année (1596). Signé : Yamato Eshi, Hishikawa Kichibei Moronobu, qui dit que cet ouvrage a déjà été édité mais on y trouvait des erreurs de commentaires et des fautes d'orthographe qui ont disparu dans la présente édition.

Date 5e de Genroku (1692). Éditeur Uroko Gataya Magobei, à l'adresse Odéma Cho Sanchomei. L'édition princeps décrite catalogue Javal, 1re partie, n° 7, était datée 1678. Mrs Brown en signale une en 1683. Celle-ci serait donc la troisième.

1 vol., haut., 254 millim.; larg., 180 millim., contenant 102 pages de gravures en noir.

Exemplaire un peu fatigué, dans sa reliure originale. Tirage moyen.

20 — MORONOBU. *Hyakunin Isshu Zosansho.* Les cent poésies avec portraits et commentaires.

Préface non signée portant le même titre.

Postface datée de l'époque de Kécho (Kécho Ganréki), 1re année (1596).

Signé : Yamato Eshi, Hishikawa Kichibei Moronobu. Ni date d'édition, ni nom d'éditeur. Cet exemplaire non daté, en comptant l'édition de 1683 décrite par Madame Brown, donnerait 4 éditions de cet ouvrage.

1 vol., haut., 257 millim.; larg., 180 millim., contenant 102 pages de gravures en noir.

Exemplaire en assez bon état. Tirage moyen.

21 — ANONYME. Album sans titre contenant 18 planches de gravures remontées ayant pour sujet la légende d'Oéyama. — *Reproduction, pl. III.*

A la dernière planche, le nom de l'éditeur Uroko Gataya Sanzayémon, à l'adresse Odéma Sanchomei.

1 album, haut., 321 millim.; larg., 469 millim., couverture factice en broché japonais.

J'ai eu en mains la même série d'estampes dont la dernière portait la signature de Moronobu. Magnifique ensemble dont quelques planches sont en bon état, d'autres en état suffisant. Le tirage est excellent.

22 — ANONYME. *Shakuson Néhanki.* Récit de la mort de Bouddha.

Fin datée 2e mois de Saru, 8e de Empo (1680). Éditeur Shoonya.

Le livre débute par la page 4. Un fragment de la 1re page portant le titre, est collé sur la page de garde à la fin de l'ouvrage.

1 vol. remonté, haut., 225 millim.; larg., 160 millim., contenant 9 pages de gravures en noir.

Tirage et état moyens.

23 — ANONYME. *Koshoku Hana no Ochiai.* Rencontre des fleurs galantes. Titre manuscrit que donne la couverture et qui se trouve imprimé au début de l'ouvrage.

La fiche manuscrite dit aussi : édition de la 3e année de Genroku (1690) dessinateur : Hishikawa Moronobu.

2 vol. réunis en un seul (l'ouvrage en comportait davantage, 5 probablement), haut., 225 millim.; larg., 160 millim., contenant 4 pages de gravures en noir (manquent, pour chaque volume, le verso du 3e feuillet et le recto du 4e).

Ouvrage incomplet montrant de beaux dessins dans le style de Kyonobu et parfaits de tirage. État moyen. Coloriages.

24 — Torii Kiyomasu. Manque le premier volume qui donnait le titre de l'ouvrage, il ne peut donc être identifié. C'est évidemment un roman qui se passe dans les quartiers galants. — *Reproduction. pl. I.*

Fin signée : Torii Kiyomasu, fudé, avec l'annonce d'un autre roman qui s'intitulerait le *Journal des courtisanes.* Date Hinoé Né, 9e de Genroku (1696). Éditeur Suirenya Matayémon, à Nihonbashi.

4 vol. (sur 5) réunis en un seul, haut., 218 millim.; larg., 158 millim., contenant 26 pages de gravures en noir.

Bon tirage. Feuillets jaunis, mais conservation suffisante.

25 — ANONYME. *Musha Kagami.* Miroir de guerriers. Titre manuscrit.

Préface non signée dans laquelle il est dit que ce livre fut fait pour les enfants et illustré par un artiste des Torii.

1 vol., haut., 198 millim.; larg., 155 millim., contenant 19 pages de gravures en noir.

Probablement de Kyomasu. Beau tirage. Bonne conservation. Coloriages.

26 — ANONYME. *Seiséki Zusetsu.* Biographie illustrée de Confucius. C'est ici le titre qui précède le texte, la fiche extérieure étant endommagée. Le titre exact serait *Shinkwan Seiséki Dzu.* — *Reproduction, pl. I.*

Un auteur : Doshun qui dit avoir écrit ce livre par ordre officiel (c'est Hayashi Doshun, conseiller de Tokugawa Iyéyasu, il n'écrivit pas ce livre mais le traduisit, l'original étant chinois). Date : Tsuchinoé Tora, 11e de Genroku (1698). Éditeur Uuémura Yaémon. Mrs Brown cite ce livre comme étant la traduction d'un ouvrage chinois et le dit édité par Yamaguchiya Gombei de Yédo en 1 volume, à la date que donne l'exemplaire ci-dessus. Les illustrations en seraient gravées sur pierre et non sur bois.

2 vol. réunis en un seul, haut., 273 millim.; larg., 184 millim., contenant 56 pages de gravures en noir plus 4 pages au début formant frontispice.

Cet ouvrage curieux est incontestablement gravé sur bois. Le tirage et l'état sont agréables.

27 — ANONYME. *Tsubo no Ishibumi.* Monument pour l'enseignement féminin. — *Reproduction, pl. II.*

Au début cinq pages d'introduction, puis une préface de cinq pages, non signée.
Fin datée février, Tsuchinoé Tora, 11e de Genroku (1698). Éditeur Shokwai Sanshiro, à l'adresse Haségawa Cho.

3 vol., contenant 13 tomes qui forment plusieurs séries, haut., 225 millim.; larg., 155 millim., contenant 84 pages de gravures en noir.

Assez bon tirage. Sauf que les couvertures, d'ailleurs factices, sont à remplacer, l'état est excellent.

28 — Anonyme. *Eiri Kindaï Hyaku Monogatari*. Récits de monstres contemporains. Titre intérieur : *Tonoï Gusa*, herbes de la veillée. — *Reproduction, pl. II.*

Préface non signée et non datée.

Petite postface dans laquelle l'auteur dit que pendant 55 ans il a recueilli ce qu'il a vu et entendu et qu'il en fait ce livre. Date Kanoé Tatsu, 13e de Genroku (1700). Éditeur Enjakudo Hiranoya Kichibei au château de Buyo (Yédo). Cachet de possesseur Fukuda Bunko.

5 vol., en 7 tomes (le 2e et le 3e volumes comprenant chacun 2 tomes). haut., 255 millim. ; larg., 184 millim., contenant 34 pages de gravures en noir : 33 en réalité, car le 17e feuillet du 2e volume est répété deux fois et montre une page de gravure.

Bon tirage. État moyen. Un coin du premier feuillet est arraché. Un verso de couverture manque au 1er volume, un recto au 5e.

29 — Anonyme. *Bukei Hyakunin Isshu*. Cent poésies de guerriers. — *Reproduction, pl. II.*

Pas de préface.

Postface non signée. Date, 6e mois, 16e de Genroku (1703). Éditeur Hayashi Shogoro. Malgré son titre identique cet ouvrage, que je n'ai d'ailleurs pu identifier, ne doit pas être confondu avec le *Bukei Hyakunin Isshu*, de Moronobu, paru en 1672 et dont un exemplaire est décrit catalogue Javal, 1re partie, n° 5.

1 vol., haut., 259 millim. ; larg., 188 millim., contenant 100 pages de gravures en noir.

Assez bon tirage. Condition agréable.

30 — Anonyme. *Nanshoku Kamo Zamuraï*. Les guerriers du temple de Kamo. Pièce de *Gidayu*, dont le chanteur est Takémoto Chikigo no Jo. Marionettiste Tatsumatsu Hachirobei.

Fin, éditeur Shoonya Kuyémon à Osaka, à l'adresse Koraïbashi Ichome.

Le volume qui possède sa couverture ancienne est remonté dans une couverture factice sur laquelle une inscription manuscrite porte : édition de la 17e année de Genroku (1704).

1 vol., haut., 222 millim. ; larg., 159 millim., contenant 4 pages de gravures en noir.

Tirage et état satisfaisants.

31 — Anonyme. *Kabu no Ozoushi Asuma Doka*. Chanson d'enfant de l'est. Héritier de la famille de Kaba (Minamoto). Pièce de Joruri.

Au début, le nom d'un possesseur : Kononushi Senkwa.
Fin, éditeur Yamamoto Kubei.

1 vol., haut., 223 millim. ; larg., 161 millim., contenant 8 pages de gravures en noir.

Tirage médiocre. Assez bon état.

32 — Anonyme. *Onna Wankyu Shigéré Matsuyama*. Histoire de Wankyu et de Matsuyama. Titre d'une pièce de théâtre.

Les deux premières pages donnent une liste des acteurs.
Fin, éditeur Hachimonjiya Hachizayémon.

1 vol. remonté, haut., 225 millim. ; larg., 160 millim., contenant 5 pages de gravures en noir (manque le 6e feuillet).

Très bon tirage. État satisfaisant.

53 — ANONYME. *Taïshi*. La biographie de Shotoko Taïshi (prince protecteur du bouddhisme au Japon). A la suite de ce Joruri, un autre est relié ayant pour titre : *Nichirenki*, la vie de Nichiren.

Pas de nom d'éditeur. Cachet de possesseur Kononushi Senkwa.

2 vol. distincts, réunis en un seul, haut., 226 millim.; larg., 161 millim. Le premier contient 8 pages de gravures en noir (il commence au feuillet 3, manque le 6e feuillet et le 14e est déchiré). Le deuxième contient 9 pages de gravures en noir (il commence au feuillet 5 et le 13e feuillet manque).

Tirage moyen. État médiocre.

54 — ANONYME. *Kumé no Sennin*. Pièce de théâtre.

Le frontispice montre un portrait de Kumé no Sennin.
Ni nom d'auteur, ni nom d'éditeur.

1 vol. remonté, haut., 218 millim.; larg., 157 millim., contenant 14 pages de gravures en noir et un frontispice. (L'ouvrage commence au 3e feuillet comme presque tous les petits volumes de théâtre ou de Joruri. Devaient-ils posséder une préface ou introduction manquant ici, ou la couverture comptait-elle comme 1er feuillet?).

Bon tirage. Trous de vers.

55 — ANONYME. *Daïshokwan Mizugarakuri*. Les jeux nautiques de Daïshokwan. Pièce de Joruri.

Pas de préface. Fin, éditeur Hachimonjiya Hachizayémon.

1 vol. remonté, haut., 223 millim.; larg., 163 millim., contenant 6 pages de gravures en noir. (L'ouvrage commence au feuillet 3.)

Bon tirage. Nombreux trous de vers.

56 — ANONYME. *Osaka Sénichidéra Shinju Monogatari*. Récit du suicide de deux amoureux au temple Sénichidéra à Osaka. Ce titre est donné par la préface, car l'ouvrage remonté présente une couverture dont les deux plats sont dissemblables et qui porte le titre *Azuma Asobi*. — *Reproduction, pl. II*.

Éditeur Shoonya Kuhei, à l'adresse Nijodori Terramachi. Cachets de possesseurs Fukuda Bunko et Rokwaen. Ce volume montre un spécimen des Joruri rares dits à 12 lignes car le texte en est écrit sur 12 lignes à la page, ce qui donne plus de netteté et rend la lecture facile.

1 vol. remonté. haut., 212 millim.; larg., 159 millim., contenant 4 pages de gravures en noir.

Ouvrage très rare en assez bon tirage. État moyen.

57 — ANONYME. *Awashima Gosaïré*. Fête au temple d'Awashima. Pièce de Joruri.

Au début, une page de frontispice montrant quelques scènes de la pièce. Cachet de possesseur Kononushi Senkwa.
Fin, éditeur Yamamoto Kuhei, à l'adresse Nijo Dori Terramachi.

1 vol. remonté, haut.. 221 millim.; larg.. 163 millim., contenant 10 pages de gravures en noir et un frontispice. (Manque le 5e feuillet.)

Tirage moyen. Plusieurs pages endommagées.

38 — ANONYME. *Daïshokwan Narabini Tora no Iki Oï.* Puissance de tigre de
Daïshokwan.

Premier acte d'une pièce de Joruri qui a pour auteur Mitzushima Shirobei. Le deuxième acte se nommait puissance de renard, et le troisième puissance de dragon.
Rien à la fin.

1 vol. remonté, haut., 222 millim.; larg., 161 millim., contenant 4 pages de gravures
en noir.

Bon tirage. Excellent état, sauf trous de vers.

39 — ANONYME. *Ryujo Tsuyo Oshirohi.* L'élégante femme dragon.

Pièce de théâtre dont l'auteur est donné au frontispice : Tsuushi Jihei.

1 vol. remonté, haut., 227 millim.; larg., 163 millim., contenant 6 pages de gravures en
noir. (Manquent le 6ᵉ, le 10ᵉ feuillet et la fin du volume. Le 5ᵉ feuillet est relié après le 11ᵉ).

Assez bon tirage. Trous de vers nombreux.

40 — ANONYME. *Ippon Giku.* Une tige de chrysanthèmes. Roman.

Ouvrage manuscrit illustré de petites peintures dans le style de Tosa.

3 vol., haut., 160 millim.; larg., 240 millim., contenant 15 pages de peintures.

Gouaches du XVIIᵉ siècle. Très bon état.

41 — ANONYME. *Tenjin no Enji.* Légende historique du temple de Tenjin.

Ouvrage manuscrit illustré de petites peintures dans le style de Tosa.

2 vol., haut., 168 millim.; larg., 244 millim., contenant 12 pages de peintures.

Comme ci-dessus.

42 — TORII KIYONOBU. Portraits de courtisanes. — *Reproduction, pl. III.*

Fin signée : Wa Gwako. Torii Shobei Kiyonobu Zu. Date, 4ᵉ mois de Tatsu, 13ᵉ de Genroku (1700). Éditeur Angiya Shichirobei à l'adresse Izumicho. Cachet de possesseur Shoyokwan. Le catalogue Gillot
reproduit nº 12 une estampe tanyé qui offre le même sujet qu'une des pages de l'ouvrage ci-dessus, mais
en plus grand format et avec quelques variantes. L'éditeur en était Nakajimaya.

1 vol. gwajo, remonté, haut., 258 millim.; larg., 173 millim., contenant 19 pages de gravures en noir. Couvertures factices en broché japonais.

*Tirage magnifique de cet ouvrage introuvable. Planches jaunies et trous de vers. De quel
amateur raffiné ce livre fera-t-il le délice?*

43 — ANONYME. *Gokoku Shoka Koméki.* Biographie des guerriers fidèles. — *Reproduction, pl. I.*

Au frontispice le même titre, et le sous-titre *Hiragana Eiri,* avec illustrations et prononciation.
Ouvrage complet en 15 volumes.
Préface non signée et non datée.
À la fin, des annonces pour d'autres ouvrages et la date Kinoé Uma, 4ᵉ de Shotoku (1714).

15 vol. réunis en 3, haut., 257 millim.; larg., 178 millim., contenant 63 pages de gravures
en noir (manque le 19ᵉ feuillet du 14ᵉ volume).

Tirage et état assez bons.

44 — ANONYME. *Kamakura Hojo Kudaï*. Généalogie de neuf générations de la famille Hojo à Kamakura.

Chaque volume porte à la fin la date, janvier de l'année de L; on y dit que les 7 volumes de cet ouvrage contiennent les généalogies des guerriers de Hojo. Éditeur Fujita Chubei, à l'adresse Tori Aburacho.
Point de préface ni de colophon

6 vol. sur 7 réunis en un seul (manque le 2ᵉ volume), haut., 212 millim.; larg., 150 millim.. contenant 35 pages de gravures en noir (manquent les 2ᵉ et 3ᵉ feuillets du 3ᵉ volume). A ce même volume, le feuillet 9 est endommagé. Les 4ᵉ, 5ᵉ et 6ᵉ volumes portent à la fin un demi-feuillet de généalogie.

Beau tirage de ce rare ouvrage malheureusement incomplet. État satisfaisant.

45 — ANONYME. *Izutsu*. Nom de l'héroïne. C'est une pièce de Joruri. — *Reproduction, pl. 11.*

Au début, le nom du possesseur Komomu-bi Senkwa. Éditeur Yamamoto Kuhei à Kyoto, à l'adresse Nijodori.

1 vol. remonté, haut., 224 millim.; larg., 163 millim.. contenant 8 pages de gravures en noir. (Le volume commence au 3ᵉ feuillet.)

Tirage et état satisfaisants.

46 — ANONYME. *Yuya Monogatari Tsukétari Ushiwaka Yoho no Rembo*. L'histoire de Yuya ou l'amour de Ushiwaka. Roman. — *Reproduction, pl. 11.*

Rien au début du volume.
Fin, éditeur Yamamoto Kuhei. Cachet de possesseur Komomushi Senkwa.

1 vol. remonté (le premier plat de l'ancienne couverture avec sa fiche de titre a été conservé sous la couverture nouvelle). Haut., 224 millim., larg., 166 millim., contenant 8 pages de gravures en noir.

Tirage lourd. État moyen.

47 — ANONYME. *Shinoda Zuma*. Épouse de Shinoda. (Pièce sur Kuzunou et Abé no Yasuna).

Le frontispice donne une liste des acteurs.
Le nom de l'éditeur est illisible. Rien à la fin.

1 vol., haut., 223 millim.; larg., 160 millim.. contenant 6 pages de gravures en noir.

Volume remonté. Trous de vers rebouchés. Bon tirage.

48 — ANONYME. *Shinoda Zuma Gojitsu*. Épouse de Shinoda, suite.

Frontispice donnant une liste des acteurs. Rien à la fin.

1 vol., haut., 222 millim.; larg., 161 millim.. contenant 5 pages de gravures en noir.

Bon tirage. Volume remonté. Trous de vers rebouchés.

49 — ANONYME. *Sonézaki Shinju*. Double suicide à Sonézaki. Célèbre pièce de Joruri.

Auteur Chikamatsu Monzayémon. Marionnettiste Tatsumatsu Hachirobei.
Manque probablement la préface.
Éditeur Shonya Yamamoto Kuhei.

1 vol., haut., 230 millim.; larg., 160 millim., contenant 5 pages de gravures en noir. (Manquent les 9ᵉ et 10ᵉ feuillets.) La première page qui donne les noms de l'auteur et du marionnettiste porte le nᵒ 14 et devrait se trouver à la fin du volume.

Ouvrage rare. Tirage moyen. État médiocre.

50 — ANONYME. *Ishiyama Goonji Rengei Shonin Denki*. L'Histoire du temple d'Ishi-yama. Biographie du bonze Rengei.

Ni date ni nom d'auteur.
Éditeur Ooya Hachibei. A la fin du volume, des annonces de libraire avec une gravure.

1 vol., haut., 219 millim.; larg., 162 millim., contenant 6 pages de gravures en noir. Le livre a été remonté, mais l'ancienne fiche de titre a été conservée.

Tirage et état moyens. Importants trous de vers.

51 — ANONYME. *Akita Kasasen*. La bataille d'Akita. Récit.

Ni date ni nom d'auteur.

5 vol. réunis en un seul, haut., 229 millim.; larg., 168 millim., contenant 11 pages de gravures en noir. (Manque le 5ᵉ feuillet).

Tirage brutal. Bon état. Trous de vers insignifiants.

52 — ANONYME. *Akazomé Emon Ekwa Monogatari*. Histoire de la prospérité de Akazomé Emon.

Au début le cachet d'un possesseur Kononushi Senkwa. Fin, éditeur Yamamoto Kuhei à l'adresse Nijodori Terramachi (Kyoto).

1 vol., haut., 223 millim., larg., 161 millim.; contenant 10 pages de gravures en noir.

Très rare ouvrage, en beau tirage. Remonté. Quelques pages jaunies. Coloriages intem-pestifs.

53 — ANONYME. *Tennoji Higan Chunichi. Honcho Kantan no Makura*. Fête au temple Tennoji. Histoire japonaise de Kantan.

Édition de Kyoto. Manque la moitié de la dernière page qui donnait le nom de l'éditeur. Le volume commence au feuillet 3, avec une illustration en frontispice. Cachet de possesseur Kononushi Senkwa.

1 vol., haut., 217 millim.; larg., 158 millim., contenant 10 pages de gravures en noir.

Assez bon tirage. Exemplaire fatigué. Coloriages.

54 — ANONYME. *Shinju Sénichidéra*. Suicide de deux amoureux au temple Sénichidéra.

Pièce de Joruri dont le livret a pour auteur Shinano no Jo Shoon.
Manque la fin.

1 vol., remonté, haut., 231 millim.; larg., 152 millim., contenant 5 pages de gravures en noir et un frontispice montrant une scène de la pièce.

Tirage et état satisfaisants.

55 — ANONYME. *Iroha no Maé*. Chanson de Joruri.

La couverture n'est pas celle de l'exemplaire mais porte le titre d'un ouvrage de Sékiyen : *Hyakki Tsurézuré Bukuro*.
Au début le titre mangé par les vers est illisible. Le titre courant donne *Iroha*, du nom de l'héroïne Iroha no Maé. Le livret de chant est de Kaga no Jo, célèbre musicien de Joruri.
Rien à la fin de l'ouvrage, peut-être incomplet d'une page.

1 vol., haut., 218 millim., larg., 159 millim., contenant 11 pages de gravures en noir.

Bon tirage. État moyen. Trous de vers.

56 — ANONYME. *Yakoyé no Onna Yata no Kagami*. Femme à la voix vive; le miroir à huit pans. Pièce de Joruri.

Éditeur Hachimonjiya Hachizayémon.

1 vol. remonté, haut., 226 millim.; larg., 164 millim., contenant 6 pages de gravures en noir. (L'ouvrage commence au feuillet 3.)

Bon tirage. État médiocre.

57 — OKUMURA MASANOBU. *Ehon Fuya Nana Komachi Kinkishogwa*. Les sept Komachi élégantes et les quatre arts (koto, go, sho, gwa).

Préface non signée.
Fin du 1er volume signée : Hogetsudo Tanchosaï Okumura Shimbô Bunkaku Masanobu Yégaku, cachet Tanchosaï.
Fin du 2e volume signée · Toto Gwako. Tanchosaï Masanobu Zu. Libraires Oreuchi, Shobei Kashiwawaraya et Kimura Kasuké Kashiwawaraya à Osaka. Yamazaki Kimbei à Yédo. Mrs Brown qui cite cet ouvrage lui donne la date 1723.

2 vol., haut., 226 millim.; larg., 155 millim., contenant 38 pages de gravures en noir coloriées à la main.

Tirage moyen. Assez bon état, sauf quelques coloriages.

58 — MASANOBU. *Ehon Tsuba Mono Yushi Kaname Ishi*. Recueil de guerriers célèbres. — *Reproduction, pl. IV*.

La préface qui porte le titre *Ehon Masha Tsuba Mono Yushi Kaname Ishi* est signée : Hogetsudo Tanchosaï Okumura Bunkaku Masanobu Yégaku, cachets Tanchosaï et Masanobu.
Fin, éditeur Sankindo Yamazaki Kimbei à Yédo, à l'adresse Onkokucho, avec une double page d'annonces. Mrs Brown cite cet ouvrage comme ayant été publié sans date.

2 vol., haut., 224 millim.; larg., 158 millim., contenant 39 pages de gravures en noir.

Tirage et état moyens.

59 — MASANOBU. *Hyakunin Ikku*. Les cent poésies (c'est une parodie de l'ouvrage
célèbre). — *Reproduction, pl. I.*

Préface signée : Yamaguchi, sans date.
Manque le colophon. Mrs Brown cite cet ouvrage et lui donne la date, 1727.

1 vol., haut., 263 millim. ; larg., 190 millim., contenant 100 pages de gravures en noir.

Tirage et état assez bons.

60 — MASANOBU. *Ehon Ogura Nishiki*. Brocarts d'Ogura. Œuvres poétiques illustrées.

Préface signée : Riushigashu et datée Meditaki Haru, heureux printemps.
Rien à la fin. Duret, nº 76-5, décrit un ouvrage semblable en 5 volumes et nº 95, un ouvrage en
3 volumes. Un exemplaire en 3 volumes est également décrit Catalogue Gonse, 1ʳᵉ vente, nº 164 ; il est
exactement semblable aux 3 premiers volumes de l'exemplaire ci-dessus.

4 vol. sur 5 (manque le dernier), haut., 227 millim. ; larg., 161 millim., contenant
160 pages de gravures en noir.

Assez bon tirage. État moyen. Trous de vers rebouchés.

61 — MASANOBU. *Ehon Korin Toriu Zu no Kakiwaké*. Livre de dessins anciens et
modernes. Ce titre qui est donné à la première page de l'ouvrage est peut-être
incomplet, ou n'est qu'un sous-titre, il a été impossible de le vérifier.

Chaque planche de l'ouvrage porte un paysage ou l'illustration d'une histoire célèbre. La dernière
planche est signée : Hogetsudo Okumura Bunkaku Masanobu.

1 vol. (le premier) sur 2, haut., 215 millim. ; larg., 151 millim., contenant 15 pages de
gravures en noir.

Évidemment incomplet. Bon tirage. État médiocre. Quelques coloriages.

62 — KONDO KIYOHARU. *Shinpan Karuguchi Hatsu Gatsuo*. Histoire comique, nouvelle édition.

Au début le titre : *Karuguchi Banashi*, histoire comique.
Plusieurs illustrations sont signées : Gwako, Kondo Sukégoro Kiyoharu. Éditeur Masuya à Shiba.
Cachets de possesseurs Gagakudo, Wakaï, Rikibunko.

1 vol., haut., 178 millim. ; larg., 130 millim., contenant 19 pages de gravures en noir
(complet, mais le 9ᵉ feuillet est relié à la suite du 10ᵉ).

Tirage et état satisfaisants.

63 — ISHIKAWA TOYONOBU. *Hana no Midori*. La couleur verte des fleurs. Poésies
illustrées.

Préface signée : Niyudotei, cachet Aïhara Sansei et datée printemps de Hitsuji, 13ᵉ de Horéki (1763).
Fin portant la même date. Dessinateur : Ishikawa Toyonobu, cachet Toyonobu. Auteur Naniwa
Tokusoshi, cachet Ippaï no Saké (une coupe de saké).
Graveur Murakami Genyemon à Naniwa. Libraires Onogi Ichibei et Tsuji Kiubei à Osaka ; Suwaraya
Mohei à Yédo. Cachet de possesseur Gi.

3 vol. réunis en un seul, haut., 227 millim. ; larg., 159 millim., contenant 59 pages de
gravures en noir.

Assez bon tirage. État médiocre. Coloriages.

64 — TOMIKAWA FUSANOBU. *Sososo*. Titre d'un roman.

Éditeur Tsuruya. Une page porte la signature de Fusanobu.

2 vol., haut., 176 millim.: larg., 130 millim., contenant 20 pages de gravures en noir.

Bon tirage. État satisfaisant.

65 — TORII KIYOTSUNÉ. *Sugawara Denju Tenaaï Kagami*. Le Joruri de Sugawara pour l'école d'écriture.

Sur la couverture, la date manuscrite 5 de Anyeï (1776).
Fin. dessinateur : Torii Kiyotsuné, yégaku. Éditeur Murataya

5 vol., haut., 175 millim.; larg., 125 millim., contenant 50 pages de gravures en noir.

Tirage et état médiocres. Quelques coloriages.

66 — TORII KIYOTSUNÉ. *Chigo Genji Sanriaku no Moki*. Livre de tactique de l'enfant Minamoto.

Fin signée : Torii Kiyotsuné, yégaku. Éditeur Tsuruya.

3 vol., haut., 171 millim.; larg., 129 millim., contenant 30 pages de gravures en noir.

Tirage et état moyens.

67 — TORII KIYTSUNÉ. *Fukujin Koï no Fukubiki*. Loterie d'amour des dieux du bonheur.

Fin signée : Torii Kiyotsuné, yégaku. Éditeur Murataya Jirobei.

2 vol., haut., 180 millim.: larg., 134 millim., contenant 20 pages de gravures en noir.

Tirage et état assez bons.

68 — ANONYME. *Kokon Gwafu*. Dessins anciens et modernes. Ce livre et les trois suivants appartiennent à la série *Hashu Gwafu*, huit sortes de dessins (ce sont des traductions d'ouvrages chinois). La série complète est décrite catalogue Odin nos 47 à 54 inclus.

Au frontispice, le nom de l'éditeur Seikwaïsaï.
Préface signée : To-En, cachets Hako et Kaïgen To-En. C'est la préface chinoise.

1 vol., haut., 283 millim.; larg., 205 millim., contenant 47 pages de gravures en noir.

Assez bon tirage. État satisfaisant.

69 — ANONYME. *Toshi Gogon*. Poésies pentasyllabiques de l'époque des Tang.

Éditeur : Shugasaï (Zohau). Préface signée : Sento Hoyukichi, cachet Hoyukichi.
Post-face signée : Riukenriu, cachet Riukenriu. Calligraphe Yoku Ungu. Pas de colophon. Catalogue Odin nº 48.

1 vol., haut., 283 millim.; larg., 204 millim., contenant 50 pages de gravures en noir.

Comme ci-dessus.

70 — ANONYME. *Meiko Senfu*. Recueil de dessins pour éventails.

Éditeur : Seikwaïsaï. Compilateur Choaku-un.
Préface signée : Unkan Shinkeïju, cachets Kanko et Shinkeïju.
Pas de colophon. Cachet de possesseur Tajiri Jihei. Catalogue Odin n° 52.

1 vol., haut., 284 millim., larg., 204 millim., contenant 96 pages de gravures en noir.

Tirage et état satisfaisants. Trous de vers.

71 — ANONYME. *Moku On Kwacho Fu*. Recueil de fleurs et d'oiseaux.

Au frontispice, *Shinshu*, nouvelle édition. Éditeur Shugasaï (Zohan).
Préface signée : Shinto Sanjin, cachet Shoko et datée 1re année de Tenkei (1658).
Pas de colophon. Un exemplaire semblable mais ne portant pas *Shinshu* au frontispice est décrit catalogue Odin n° 53. Un autre avec *Shinshu* est décrit catalogue Javal, 1re partie n° 54, mais la fin donnait la date et le nom du libraire qui n'existent pas ici.

1 vol., haut., 280 millim., larg., 205 millim., contenant 43 pages de gravures en noir.

Tirage et état agréables.

72 — NISHIKAWA SUKÉNOBU. *Hyakunin Joro Shinasadamé*. Les cent femmes.

Préface signée : Hachimonji Jisho, cachet Kamé et Nishikawa Sukénobu, cachet Sukénobu. Elle est datée 8e de Kyoho (1723).
Manque le colophon. Cachet de possesseur Jokikoku Zosho. Catalogue Javal, 1re partie, n° 39.

2 vol., haut., 257 millim.; larg., 191 millim., contenant 92 pages de gravures en noir.

Bon tirage. Exemplaire un peu fatigué. Premier volume remonté. Couvertures factices. Quelques coloriages.

73 — SUKÉNOBU. *Ehon Nézamé Gusa*. Livre des herbes du réveil. Poésies illustrées. *Reproduction, pl. III.*

Préface non signée. Fin signée : Bunkwado Nishikawa Jittokusu Sukénobu, cachet Sukénobu, à Kwaraku (Kyoto).
Date Janvier, Kinoé Né, 4e de Kwampo (1744). Éditeur Kikuya Kihei à Kyoto avec une page d'annonces de Kikushinken (c'est le même).

3 vol. réunis en un seul, haut., 225 millim.; larg., 160 millim., contenant 75 pages de gravures en noir plus deux pages de frontispice, une au début, l'autre collée à la fin de l'ouvrage. Le deuxième volume, auquel manque le premier feuillet, a conservé une couverture brune avec fiche de titre manuscrite.

Tirage et état assez bons. Trous de vers dans les marges.

74 — SUKÉNOBU. *Onna Ichidaï Fuzoku Ehon Masukagami*. Miroir des mœurs féminines.

Préface signée : To Keitei et datée Tsuchinoé Tatsu de Enkio (1748).
Fin signée : Rakuyo Bunkwado Nishikawa Jittokusu Sukénobu, cachet Sukénobu et datée Tsuchinoé Tatsu, 5e de Enkio (1748).
Éditeur Kikuya Kihei à Kyoto avec une double page d'annonces de Kikushinken.

3 vol. réunis en un seul, haut., 222 millim.; larg., 158 millim., contenant 70 pages de gravures en noir.

Tirage et état satisfaisants.

75 — SUKÉNOBU. *Ehon Chiomi Gusa*. Livre des herbes éternelles.

Préface signée : Rakuyo Bunkwado, cachets Nishikawa et Sukénobu et datée 5e de Gembun (1740).

Fin signée : Sakusha Gwako, Nishikawa Sukénobu à Kyoto. Graveurs Fujimura Zenyémon et Murakami Genyémon à Osaka. Date 5e de Horéki (1755).

Éditeur Hishiya Jihei à Kyoto, à l'adresse Terramachi Dori, avec deux feuillets d'annonces.

Mrs Brown cite une 1re édition de cet ouvrage parue en 1735. Une seconde édition décrite catalogue Haviland, 7e vente, n° 490 parut en 1740. Deux éditions de 1741 sont décrites, l'une avec la date 6e de Gembun, catalogue Odin n° 31, l'autre portant la date 1re de Kwampo, catalogue Haviland 5e vente n° 344.

3 vol., haut., 276 millim.; larg., 189 millim., contenant 79 pages de gravures en noir y compris les trois frontispices floraux.

Assez bon tirage. Sauf quelques bas de pages un peu fatigués, la conservation serait satisfaisante.

76 — SUKÉNOBU. *Ehon Mitsuwa Gusa*. Les herbes aromatiques. Récits moraux.

Préface signée : Nishikawa Sukétada, cachet Sukétada, fils de Bunkwado et datée 8e de Horéki (1758)

Fin signée : Kwaraku Yamato Eshi, Nishikawa Sukénobu, cachet Sukénobu. Graveur Fujimura Zenyémon à Naniwa. Édition datée 5e de Gembun (1740), mise en vente 8e de Horéki (1758). Libraires Morita Shotaro à Osaka, Uroko Gataya Magobei à Yédo et Hishiya Jihei à Kyoto (ce dernier est l'éditeur, Han). Hayashi n° 1472. Un ouvrage semblable est décrit catalogue Haviland, 7e vente, n° 491.

3 vol. réunis en un seul, haut., 270 millim.; larg., 186 millim., contenant 85 pages de gravures en noir.

Première édition en état et tirage agréables.

77 — SUKÉNOBU. *Ehon Kwagetsu*. Miroir de fleur et de lune. C'est le titre que donne la fiche extérieure: il est commun à l'ouvrage ci-dessus et aux deux suivants. Édition collective d'un éditeur. La préface porte le titre réel de l'ouvrage : *Ehon Setsugekka*, recueil de neige, de lune et de fleur.

Préface signée : Zuiji Rojin, cachet Nanrei.

Fin, auteur : Zuiji Rojin Nanrei Shi. Peintre : Nishikawa Jittokuso Sukénobu. Date 5e Meiwa (1768). Éditeur Kikuya Kihei à Kyoto. Un exemplaire semblable mais avec couvertures différentes et pages d'annonces est décrit catalogue Odin n° 38.

3 vol. réunis en un seul, haut., 210 millim.; larg., 154 millim., contenant 64 pages de gravures en noir.

Tirage assez bon. Excellent état.

78 — SUKÉNOBU. Même fiche de titre que l'ouvrage précédent. Le titre de la préface est *Hana no Kagami*, le miroir des fleurs.

Préface signée : Zuiji Rojin, cachet Nanrei.

Fin, auteur : Zuiji Rojin Nanrei Shi. Peintre : Nishikawa Jittokuso Sukénobu. Date Ushi, 6e Meiwa (1769). Éditeur Kikuya Kihei à Kyoto.

3 vol. réunis en un seul, haut., 210 millim.; larg., 154 millim., contenant 66 pages de gravures en noir.

Comme ci-dessus.

79 — SUKÉNOBU. Même fiche de titre que les ouvrages précédents. Le titre de la préface est *Ehon Hana Momiji*, livre des feuilles d'érable.

Préface non signée, non datée. Manque le colophon qui donnait, comme dans les ouvrages qui précèdent, le nom du dessinateur et la date de l'édition. Voir catalogue Isaac n° 373.

3 vol. réunis en un seul, haut., 212 millim. ; larg., 153 millim., contenant 96 pages de gravures en noir.

Tirage assez bon. Excellent état. *

80 — ANONYME. *Yamashiro Meisho Jisha Monogatari.* Les endroits célèbres du Yamashiro. Histoire de deux temples (bouddhiste et shintoïste). *Reproduction, pl. I.*

Préface non signée disant que cet ouvrage est un guide des temples.

Fin, libraire Nagahamaya Kuroyémon à Koto. Sur la couverture, une phrase manuscrite donne le renseignement suivant : ancienne édition de l'époque de Genroku. Il est inexact, car à la dernière page de l'ouvrage figure une liste des fonctionnaires du château de Nijo, jusqu'à la 10e année de Kyoho (1725).

6 vol. réunis en un seul, haut., 225 millim. ; larg., 162 millim., contenant 56 pages de gravures en noir et quatre pages de frontispice (manque le 12e feuillet du 6e volume).

Tirage et état moyens. Brûlure intéressant 4 feuillets, sans illustrations, dans le corps du livre.

81 — TAKIGI SADATAKÉ. *Ehon Waka no Ura.* Plage de Waka. Poésies japonaises illustrées. *Reproduction, pl. III.*

Préface signée : calligraphe : Naniwa Sanjin ; peintre : Takagi Shi Sadataké, cachets Sotensaï et Sadataké.

Postface non signée. Date 19e de Kyoho (1734). Éditeurs Kishimonjiya Ichibei et Kawachiya Mohei à Naniwa. Graveur Niwayézayémon à Kyoto.

Mrs Brown donnait 1725 comme date de l'édition princeps. Cette référence venait certainement du catalogue Duret qui mentionne cette date, n° 91. Après vérification le renseignement fourni par Duret n'est pas exact. Et l'on arrive à la conclusion que l'édition de 1725 n'existe pas. La première édition serait donc celle décrite ici, que mentionne, n° 33, le catalogue Hubert avec Morita Shotaro de Naniwa comme seul éditeur. Le catalogue Odin indique n° 40 l'édition de 1755, qui est la seconde.

3 vol., haut., 268 millim. ; larg., 188 millim., contenant 77 pages de gravures en noir.

Assez bon tirage. Exemplaire un peu fatigué.

82 — SHUMBOKU. *Wakan Meigwa En.* Jardin des peintures célèbres chinoises et japonaises.

Compilateur : Hogen Shumboku Ichi O. Éditeur Onogi Hobundo, cachet Hobundo.

Préface signée : Sugashinyo Shikyoku Ho, cachets Sugashinyo et Shikyoku et datée 2e de Kwanyen (1749). Elle est calligraphiée par Hitto Sentei, cachets Kokei et Sentei.

Postface signée : Hogen Shumboku Aito à l'âge de 61 ans, cachets Otsubo Hogen et Fuji Aito et datée 4e de Gembun (1739).

Colophon daté Kanoé Uma, 3e de Kwanyen (1750). Éditeurs Suwara Mohei à Yédo, Kawanami Shiroyémon à Kyoto et Onogi Ichibei à Osaka.

Le catalogue Isaac décrit, n° 378, une édition semblable à celle-ci et le catalogue Odin n° 60, une édition où le cachet de l'éditeur Hobundo a disparu. Une édition tardive datée 1797 est décrite catalogue Haviland 6e vente, n° 335.

6 vol., réunis en 4 vol. (le premier en contenant trois), haut., 270 millim. ; larg., 180 millim., contenant 264 pages de gravures en noir. (Une coquille du catalogue Odin donnait faussement 269 pages à l'exemplaire décrit.)

Exemplaire bien conservé en tirage agréable.

83 — ANONYME. *Shokunin Zukushi Uta Awasé.* Concours de poésies sur les métiers.

1re préface signée . Kosho Tokuo, cachets Suzahara Munétaké et Kosho Tokuo et datée 1er de Enkio (1744). On y dit que l'éditeur a retrouvé d'anciens livres fort intéressants, mais très abîmés et qu'il les édite de nouveau.

2e préface non signée et non datée.

Fin datée automne. Kinoé Né de Enkio (1744). Éditeurs Maruya Ichibei, Shinya Hégiro et Tohonya Ihei à Koto.

3 vol., haut., 225 millim.; larg., 162 millim., contenant 71 pages de gravures en noir.

Ouvrage d'un haut intérêt documentaire. Très rare. Tirage et état satisfaisants.

84 — KIMURA. *Hinagata Sanzen Fu.* Élégants modèles, en vogue en tous lieux.

Préface signée : Kwaraku Gwako (peintre de Kyoto) Kimura Shi, cachet Katsumitsu et datée U. 2e de Enkio (1745).

Fin portant la même signature et la même date. Graveur Niwa Shobei à Kyoto. Libraires Ogawa Shimbei à Terramachi Dori et Ogawa Gembei. Une page d'annonces de Gyokuzan En. (Ogawa Shimbei).

3 vol., haut., 268 millim.; larg., 182 millim., contenant 100 pages de gravures en noir.

Tirage moyen. Assez bon état.

85 — ICHIO SESHOSAI. *Gwahon Shuyo.* Recueil de peintures.

Préface signée : Sugawara Sanjin Jotatsu, cachets Shodo et Sugawara et datée Kanoto Hitsuji de Kwanyen (1751).

Postface du dessinateur signée : Gwako Seshosaï, cachets Seshosaï et Shosen.

Fin, graveur Fujihei Shirobei à Osaka. Date 4e de Kwanyen (1751). Libraires Kashiwawaraya Seiyémon et Kashiwawaraya Yoïchi. Le catalogue Haviland, 4e vente, n° 333 et le catalogue Odin, n° 70 décrivent le même ouvrage mais daté 1er de Horéki, au lieu de 4e de Kwanyen, ce qui, tout en donnant la même date, indique une seconde édition. L'exemplaire Haviland a les mêmes éditeurs que l'exemplaire ci-décrit et l'exemplaire Odin a Kashiwawaraya Yozayémon comme 2e éditeur.

3 vol., haut., 268 millim.; larg., 180 millim., contenant 94 pages de gravures en noir.

Tirage et état assez bons.

86 — SADATOSHI. *Ehon Hitsuyo.* Livre nécessaire (pour les dessinateurs). *Reproduction, pl. VI.*

Préface signée : Ginriuken Kokei, cachet Fujiwara Bakuyo Riuto.

Fin signée : Kyoto Gwako, Nakaji Unshu Sadatoshi, cachet Unshu. Date Kanoto Hitsuji, 4e de Kwanyen (1751). Éditeur Kikuya Kihei à Kyoto avec un feuillet d'annonces. Le catalogue Gonse, 1re vente, n° 172, décrit un ouvrage semblable.

3 vol., haut., 262 millim.; larg., 181 millim., contenant 91 pages de gravures en noir.

Tirage et état assez bons.

87 — ANONYME. *Ogura Saburo.* Recueil de cent haïkaï.

Préface signée : Jinjinshogatsudo. signature suivie d'un kakihan.

Post-face signée : Koyu, cachet Chokyo et datée Hinoto Ushi de Horéki (1757). Pas de colophon.

1 vol., haut., 255 millim.; larg., 180 millim., contenant 104 pages de gravures en noir.

Exemplaire un peu fatigué et qu'on améliorerait par un doublage. Beau tirage.

88 — GYOKUSUISAÏ YOSHIKANÉ. *Gwazu Senyo*. Recueil de dessins. Le frontispice donne le titre *Giokosuisaï Gwafu. Reproduction, pl. IV.*

Préface signée : Nando Suifu, cachets Koyo Shuto et Kodoka Sansui et datée Hinoé Inu de Meiwa (1766). Fin signée : Giokusuisaï Fujiwara Yoshikané Zu à Koto.

Édition datée 3ᵉ Meiwa (1766); mise en vente l'année Hinoto I (1767). Libraire Bunshogwaku Suwara Saburobei.

3 vol., haut., 271 millim.; larg., 182 millim., contenant 118 pages de gravures en noir.

Tirage et état assez bons.

89 — GYOKUSUISAÏ YOSHIKANÉ. *Gwazu Senyo*. Recueil de dessins.

Préface signée : Nando Suifu, cachets Koyo Shuto et Kodoka Sansui et datée Hinoé Inu de Meiwa (1766). Fin signée : Giokosuisaï Fujiwara Yoshikané Zu à Koto. Libraire à Yédo Suwaraya Saburobei.

Éditeur Owadaya Yasubei Han, cachet Keijudo à l'adresse Odémacho Sanchomei. Ici le colophon ne porte plus de date et le nom de l'éditeur est donné.

3 vol. réunis en un seul, haut., 270 millim.; larg., 180 millim., contenant 118 pages de gravures en noir.

Tirage et état satisfaisants.

90 — HOGEN SHUZAN. *Wakan Meihitsu Gwoho*. Recueil de peintures célèbres chinoises et japonaises.

Frontispice portant le titre *Meihitsu Gwoho*. Compilateur : Hogen Shuzan Sensei. Éditeur Shokodo à Naniwa, cachet Shibukawa.

1ʳᵉ préface signée Bizen Kusaka Shinken, cachets Sokwa et Azana Hakushoho et datée Hinoto Hi (1767).

2ᵉ préface signée : Ichigo Rioyu, cachets Rioyu et Jusei et datée Hinoto Hi de Meiwa (1767).

3ᵉ préface signée : Hogen Shuzan, cachets Shuzan et Juko, à la même date.

Fin, graveurs : Tadashobé à Kyoto, Fujihei Bunsuké et Fujihei Kihei Ji à Osaka. Date Kanoto U, 8ᵉ Meiwa (1771). Libraires Nishimura Genroku à Yédo et Shibukawa Seiyémon à Osaka (Jushin, l'éditeur).

Après le colophon, deux pages d'annonces de Shibukawa Shokodo. Le catalogue Gonse, 1ʳᵉ vente, n° 176 et le catalogue Haviland, 7ᵉ vente, n° 512, décrivent le même ouvrage, avec trois préfaces dont deux se retrouvent ici; la troisième, celle de Sokokyu, n'existe pas dans notre exemplaire qui possède une préface de Ryoyu, laquelle n'existait pas dans les autres. L'exemplaire Odin, n° 69, était conforme à celui-ci, mais la première préface manquait.

6 vol. réunis en un seul, haut., 269 millim.; larg., 180 millim., contenant 244 pages de gravures en noir.

Probablement la deuxième édition de cet ouvrage, qui est ici en excellent tirage et en état parfait.

91 — SUZUKI RINSHO. *Icho Gwafu*. Album de dessins d'Icho.

Dessinateur : Suzu Rinsko. Tudé (disciple qui recueillit les dessins d'Icho).

Préface signée : Rékisen Shoshi Isatanka, cachets Anka et Isaï et datée Kanoé Tora, 7ᵉ Meiwa (1770).

Colophon à la même date. Libraire éditeur Nishimura Soshichi à Yédo. Le catalogue Gonse, 1ʳᵉ vente, n° 179, et le catalogue Odin, n° 66, décrivent des éditions semblables. Hayashi n° 1615 et le catalogue Javal, 1ʳᵉ partie, n° 61, décrivent des exemplaires à la même date mais édités par Kariganéya Gisuké.

3 vol. réunis en un seul, haut., 267 millim.; larg., 182 millim., contenant 111 pages de gravures en gris et noir et un frontispice floral en noir. L'édition de Kariganéya Gisuké avait un frontispice en bistre et des rehauts de gris supplémentaires

Tirage assez bon. État moyen. Trous de vers.

92 — RINSHO. *Mangwa Zuko, Guncho Gwahei.* Dessins humoristiques d'après Hanabusa Icho.

Dessinateur : Hanabusa Icho, fudé. Éditeur Keibunkakn à Toto.
Préface signée : Toko Genrin, cachets Genrin et Buurin et datée 6ᵉ Meiwa (1769).
Postface signée : Hakusuiro et datée 6ᵉ Meiwa (1769).
Fin datée Tsuchinoé Inu, 7ᵉ de Anyei (1778). Le colophon doit porter, avec cette date, le nom du dessinateur et les noms de trois libraires. C'est ici le premier exemplaire que je vois où ces indications furent supprimées. Voir catalogue Gonse, 1ᵉ vente, nᵒ 178, catalogue Haviland, 4ᵉ vente, nᵒ 338, catalogue Hubert nᵒ 87 et catalogue Odin nᵒ 65. Ce dernier exemplaire avait une variante dans les noms des libraires.

3 vol. réunis en un seul, haut., 258 millim.; larg., 178 millim., contenant 96 pages de gravures en noir.

Édition à la bonne date. État parfait. Tirage moyen.

93 — YANAGIWARA GENJIRO. *Ehon Yamato Shikio.* Recueil de poésies instructives du bonze Bankei.

Compilateur : Roko Sanin Shofu.
Préface signée : Bazan Shofu et datée Kanoé Tora de Meiwa (1770).
Fin signée : Naniwa Gwako, Yanagiwara Genjiro, cachet Ségado. Graveur Fujihei Bunsuké, cachet Shinji. Date Kanoto U, 8ᵉ Meiwa (1771). Éditeur Ikédaya Okada Saburoyémon à Naniwa. Le catalogue Odin décrit nᵒ 41 un ouvrage semblable mais daté de Temmei (1782). Il ne donnait pas le nom de l'éditeur d'Osaka mais ceux d'une série de libraires à Kyoto.

3 vol., haut., 268 millim.; larg., 185 millim., contenant 68 pages de gravures en noir et un frontispice.

Assez bon tirage. État moyen.

94 — YAMAMOTO NOBUATSU. *Gwazu Setsumyo.* Dessins magnifiques. Le titre courant donne *Ehon Shinkoku,* livre des nouveaux dessins. — *Reproduction, pl. III.*

Préface portant le titre : *Riukugwa Ayudéon,* modèles de dessins rapides ; elle est signée : Daïenshi à Naniwa et datée Kinoé Uma, 3ᵉ de Anyei (1774).
Postface signée : Echosaï Yamamoto Nobuatsu, peintre à Naniwa, cachets Goan et Yamamoto Nobuatsu. Elle est datée Tatsu, 9ᵉ Meiwa (1772). Une page d'annonces de Shoshodo Sakaïya Nihei et de Shotokudo Sakaïya Gihei, libraires à Kyoto.

3 vol. réunis en un seul, haut., 253 millim.; larg., 176 millim., contenant 104 pages de gravures en noir.

Tirage moyen. Bon état.

95 — SUISATEI ITTEISAI. *Bumbu Chiyu no Umi.* Recueil de guerriers célèbres. *Reproduction, pl. IV.*

Préface signée : Suisatei Itteisaï à Héan, cachet Yuitsu Hémin.
Fin portant la même signature, avec le même cachet. Graveur Yoshimi Niyémon, cachet Fuku. Date 3ᵉ de Anyei (1774). Éditeur Kikuya Yasubei à Kyoto avec quelques annonces. Suisatei Itteisaï fut un élève d'Icho et on ne connait de lui que cet ouvrage assez rare.

3 vol., haut., 260 millim.; larg., 178 millim., contenant 47 pages de gravures en noir.

Bon tirage. État satisfaisant.

96 — **Tsukioka Tangé Masanobu.** *Wakan Meihitsu Kingioku Gwafu.* Recueil de peintures précieuses de la Chine et du Japon.

Manque le frontispice. Préface signée : Okuda Mototsugu à Naniwa, cachets Honsei Naïsa et Mototsugu et datée Kanoé Tora de Meiwa (1770).

Rien à la fin, le dernier volume manque. Voir catalogue Odin, n° 46, qui décrit un ouvrage semblable.

5 vol. (sur 6), haut., 265 millim. : larg., 184 millim., contenant 204 pages de gravures en noir. (Manque le 10ᵉ feuillet du 5ᵉ volume.)

Assez bon tirage. État moyen. Quelques mouillures.

97 — **Tsukioka Tangé Masanobu.** *Ehon Chitosé no Haru.* Printemps de dix mille ans. Recueil de femmes célèbres. — *Reproduction, pl. II.*

Préface signée : Chosuiga et datée 1ᵉʳ mois de Tatsu, 9ᵉ Meiwa (1772). Cette préface se trouve répétée à la fin du dernier volume en place de colophon. J'ai pu identifier cet ouvrage grâce à l'amabilité de Mʳ E. Gillet qui m'a prêté un exemplaire lui appartenant et m'en a signalé un autre se trouvant à la Bibliothèque Nationale. Je dois d'ailleurs nombre d'autres renseignements à cet érudit amateur qui mérite la reconnaissance de tous ceux qu'intéresse le livre japonais.

L'exemplaire Gillet est intitulé : *Jo Geibun Sansaï Zuyé*, encyclopédie pour l'enseignement féminin. La préface est différente, elle donne le nom du dessinateur : Tsukioka Kindo. La date est 8ᵉ Meiwa (1771). L'ouvrage comprend 5 volumes illustrés de gravures en noir et en couleur. Les gravures en noir sont complètement différentes, mais dans les gravures en couleur un certain nombre se retrouvent identiques dans l'ouvrage ci-décrit. Celui-ci est évidemment un arrangement que l'éditeur fit paraître un an plus tard en utilisant quelques gravures du *Jo Geibun Sansaï Zuyé* et peut-être d'autres volumes. Duret, n° 115, décrit sans donner le nom du dessinateur un ouvrage analogue à l'exemplaire Gillet. Mrs Brown ne mentionne ni l'un ni l'autre ouvrage.

3 vol., haut., 256 millim.; larg., 187 millim., contenant 60 pages de gravures en couleur, tirées en béniyé vert et rose comme les premières estampes en couleur.

Beau tirage de ce rare ouvrage. Conservation moyenne. Bas de pages fatigués.

98 — **Suzuki Harunobu.** *Ehon Hana Katzura.* Recueil de fleurs. (Proverbes et poésies pour l'enseignement des enfants.)

Préface signée : Naniwa Tokusoshi et datée Kinoto Tori (1765).

Fin signée, dessinateur : Suzuki Harunobu, cachet Harunobu. Auteur : Naniwa Tokusoshi, cachet Genzoku (bonze défroqué). Date Kinoé Saru de Meiwa (1764). Éditeur Yamazaki Kimbei à Toto.

3 vol. (celui du milieu appartient à une autre édition que les deux autres), haut., 223 millim.; larg., 159 millim., contenant 51 pages de gravures en noir. (Manque le 5ᵉ feuillet du 2ᵉ volume.)

Charmant petit ouvrage en tirage assez bon pour le 1ᵉʳ et le 3ᵉ volume, lourd pour le 2ᵉ. État médiocre.

99 — **Harunobu.** *Ehon Sazaré Ishi.* Recueil de cailloux. (Enseignement pour les enfants.)

Préface signée : Tokusoshi et datée 3ᵉ Meiwa (1766).

Fin signée : Suzuki Harunobu, fudé, cachet Harunobu. Auteur : Tokuso Saï, cachet Nomisuké. Graveur à Toto, Endo Matsugoro, cachet Gorioku. Éditeur Yamazaki Kimbei. Deux feuillets d'annonces de Kinzendo (c'est le même). Hayashi, n° 1494.

3 vol., haut., 228 millim.; larg., 166 millim., contenant 51 pages de gravures en noir. (Manque le 5ᵉ feuillet du 3ᵉ volume.)

Tirage moyen. Assez bon état. Quelques trous de vers dans les marges.

100 — Harunobu. *Ehon Yachiyo Gusa*. Livre des herbes éternelles. Poésies illustrées sur la Sumidagawa.

Préface non signée, datée 5e Meiwa (1768).
Fin signée : Toto Gwako, Harunobu, fudé, cachet Harunobu. Auteur : Naniwa Inshi Tokusoshi. Date 5e Meiwa (1768). Éditeur Yamazaki Kimbei. Hayashi n° 1497, et catalogue Odin n° 84.

3 vol., haut., 226 millim.; larg., 160 millim., contenant 52 pages de gravures en noir.

Bon tirage. État moyen.

101 — Harunobu. *Seiro Bijin Iwasé*. Recueil des beautés du seiro.

Préface signée : Tanaka Han no Aruji. Catalogue Javal, 1re partie, n° 69.

1 vol. sur 5 (le premier). haut., 275 millim.; larg., 180 millim., contenant 41 pages de gravures en couleur et un frontispice.

Bon tirage. État moyen.

102 — Harunobu. *Ehon Misao Gusa*. Herbe de chasteté. (Vertus féminines).

Préface non signée, datée Kanoé Inu de Anyei, cette date n'existe pas, c'est Tsuchinoé Inu (1778).
Fin signée : Suzuki Harunobu, fudé, cachet Harunobu. Date Kanoé Inu, 7e Anyei (même erreur qu'à la préface, c'est Tsuchinoé Inu, 1778). Libraire à Yédo, Yamazaki Kimbei avec une double page d'annonces. Voir Hayashi, n° 1498, qui donne 1779 comme date à son exemplaire.

2 vol., haut., 225 millim.; larg., 160 millim., contenant 32 pages de gravures en noir. (Les 4 premiers fouillets seulement sont foliotés.)

Assez bon tirage de cet ouvrage charmant, bien conservé.

103 — Harunobu. *Ehon Hiroha Uta*. Recueil de chansons alphabétiques.

Préface signée : Tokusoshi, on y cite le dessinateur Suzuki.
Fin datée : Tsuchinoé Saru, 8e de Temmei (1788). Libraires Suwaraya Ichibei à Yédo et Kawachiya Ichibei à Osaka.

1 vol. haut., 220 millim.; larg., 156 millim., contenant 48 pages de gravures en noir.

Exemplaire en assez bon état. Tirage médiocre.

104 — Harunobu. *Haïkaï Gwasho Yoyoshi no Monokurabé*. Concours de haïkaï sur 44 paires de sujets. *Reproduction pl. VI.*

Préface signée : Ichiyosei Sogwaï et datée Mizunoto Ushi, 5e de Kwansei (1793), on y dit que le dessinateur de l'ouvrage est Seisenkwan (Harunobu).
Fin, correcteurs Yamanaka Sohun, Kinoshita Soséki et Sakaï Kikujin. Graveur Okamoto Shogio et graveur suppléant Okamoto Shoa. Libraire Shinshodo Suwaraya Ichibei. Mrs. Brown cite cet ouvrage en un volume avec le titre *Haïkaï Yogoshi no Monokurabé*.

3 vol. réunis en un seul, haut., 225 millim.; larg., 156 millim., contenant 62 pages de gravures en noir et une page de caractères formant frontispice au début de chaque volume.

Tirage assez bon. État agréable.

105 — KOÏKAWA HARUMACHI. *Sambukutsui Murasaki Soga*. Triptyque des Soga de
couleur violette.

Signée : Koïkawa Harumachi. Éditeur Tsutaya. Cachet de possesseur Fukuda Bunko.

1 vol., haut., 174 millim.: larg., 126 millim., contenant 30 pages de gravures en noir.

Tirage et état moyens.

106 — IPPITSUSAI BUNCHO et KATSUKAWA SHUNSHO. *Ehon Butaï Ogi*. Les éventails de
la scène. Portraits d'acteurs.

1re préface signée : Tokaku, petit fils de Sékaku, cachets Shikénozo et Sankofuki.
2e préface signée : Hoku Zaïten, cachet Somété et Shiu Kitoku, cachet Kigwasaï. Elle est datée de
l'année de Tora (1770). Catalogue Javal. 1re partie, n° 71.

1 vol. sur 3 (manquent les deux derniers), haut., 284 millim.: larg., 190 millim., contenant
40 pages de gravures en couleur (19 de Shunsho et 21 de Buncho).

Bon tirage. Conservation suffisante. Couvertures fatiguées.

107 — KATSUKAWA SHUNSHO. *Nishiki Hyakunin Isshu Azuma Ori*. Les cent poésies
illustrées en couleur.

Préface signée : Katsukawa Shunsho, cachets Rinrin et Shunsho et datée 2e de Anyei (1773).
Signé : Rinrin Katsukawa Yusuké To Shunsho. Graveur Inouyé Shinshichiro. Date 4e de Anyei (1775).
Libraire Kariganéya Gisuké à Koéshikawa (Yedo). Dans cette édition les poèmes et la préface sont de la
main même de Shunsho. Dans les éditions postérieures, les poèmes sont calligraphiés par Watanabe
Hiroshi qui mit une préface supplémentaire. Un volume semblable est décrit catalogue Javal, 1re partie,
n° 72. Il semble jusqu'à présent qu'on ne connaisse que 2 exemplaires de cette édition, celui-ci décrit
serait le 3e.

1 vol., haut., 274 millim.; larg., 193 millim., contenant 106 pages de gravures en couleur.
(Couverture factice en soie brochée japonaise.)

Bon tirage. État moyen. Quelques bas de pages fatigués au début du livre.

108 — SHUNSHO. *Nishiki Hyakunin Isshu Azuma Ori*. Les cent poésies illustrées en
couleur.

1re préface signée : Watanabe Hiroshi, cachets Hiroshi et Azana Hakuritsu et datée 3e de Anyei (1774).
2e préface signée : Katsukawa Shunsho, cachets Rinrin et Shunsho et datée 2e de Anyei (1773).
Fin signée : Rinrin Katsukawa Yusuké To Shunsho. Graveur Inouyé Shinshichiro. Date 4e de Anyei,
(1775). Libraire Kariganéya Gisuké à Koéshikawa (Yedo). Un exemplaire analogue est décrit catalogue Javal,
1re partie, n° 73. Un autre dont le colophon à la même date donnait le nom de l'imprimeur, et d'un 2e libraire
est décrit catalogue Gonse, 3e vente, n° 453. Je pense que le colophon de la vente Gonse indique un tirage
antérieur à celui-ci, car ici les noms furent simplement supprimés, les places restant blanches, ce n'est
donc pas un autre colophon, mais un arrangement du précédent.

1 vol., haut., 289 millim.; larg., 196 millim., contenant 104 pages de gravures en couleur.
(Manque le 32e feuillet.)

État parfait. Assez bon tirage.

109 — SHUNSHO. *Yakusha Natsu no Fuji*. Les acteurs au mont Fuji en été, c'est-à-dire les acteurs hors du théâtre. *Reproduction, pl. IV*.

Préface signée : Tsusho, cachet Sambun.

Après dix pages d'illustrations, une seconde préface signée : Katsukawa Shunsho et datée Kanoé Né (1780). Postface signée : Okotsu Konaï, cachet Hishikawa.

Fin, auteur : Tsusho. Peintre : Katsukawa Shunsho. Graveur Mori Kichigoro. Éditeurs Okumura Genroku et Matsumura Yahei. Cet exemplaire ne présente pas la variante constatée catalogue Odin, nº 85. Il est conforme à l'exemplaire Vignier.

1 vol., haut., 214 millim. ; larg., 154 millim., contenant 36 pages de gravures en noir.

Bon tirage. État moyen. Quelques bas de pages fatigués.

110 — SHUNSHO et SHIGÉMASA. *Seiro Bijin Awasé Sugata Kagami*. Miroir des beautés du seiro.

Préface signée : Koshodo Shujin et datée Hinoé Saru, 5ᵉ de Anyei (1776).

Signée : Kitao Kwaran Shigémasa, cachets Kitao et Shigémasa et Katsukawa Yuji Shunsho, cachets Katsukawa et Shunsho. Date Hinoé Saru, 5ᵉ de Anyei (1776). Graveur Inouyé Shinshichi. Libraires à Yédo Yamazaki Kimbei et Tsutaya Juzaburo.

Le dernier volume ne contient que 7 pages de gravures avec un foliotage différent. Le texte intitulé *Ingwaï* (supplément) contient les poésies des courtisanes dont les portraits illustrent les deux premiers tomes. Hayashi nº 1525, catalogue Gonse, 1ᵉ vente, nº 183 et catalogue Javal, 1ʳᵉ partie, nº 76.

3 vol., haut., 280 millim. ; larg., 186 millim., contenant 93 pages de gravures en couleur.

Exemplaire non homogène. Le deuxième volume n'appartient pas à la même série que les deux autres. État très inégal. Le premier volume seul est en assez bon tirage et en état moyen. La condition des deux autres est moins satisfaisante.

111 — KITAO SHIGÉMASA. *Ehon Isao Gusa*. Recueil d'exploits guerriers. — *Reproduction, pl. VI*.

Préface non signée, datée Tsuchinoto Ushi (1769).

Fin signée : Kitao Shigémasa, cachets Kitao et Shigémasa. Date 6ᵉ Meiwa (1769). Éditeur Owada Yasubei Zuigiokudo à Yédo. Catalogue Haviland, 2ᵉ vente, nº 508.

3 vol. réunis en un seul, haut., 222 millim. ; larg., 155 millim., contenant 40 pages de gravures en noir.

État et tirage assez bons.

112 — SHIGÉMASA. *Ehon Musha Waraji*. Recueil de guerriers célèbres.

Préface signée : Yadoya Mesbimori et datée Hinoto Hitsuji (1787). On y dit que le dessinateur est Shigémasa, l'éditeur Koshodo, et que l'ouvrage est complet en 2 volumes.

Rien à la fin de l'ouvrage.

2 vol., haut., 262 millim. ; larg., 180 millim., contenant 22 pages de gravures en couleur.

Tirage un peu dur. Bon exemplaire.

113 — SHIGÉMASA. *Ehon Fukujuso*. Livre des herbes de bonheur et de longévité. (Recueil de poésies de jour de l'an.) — *Reproduction, pl. VI*.

Préface signée : Shingoken Birin et datée printemps de Kanoto Hi de Kwansei (1791).

Fin, dessinateur : Kitao Kosuisaï Yasumasa, cachets Kitao et Yasumasa. Date Kanoto Hi, 3ᵉ de Kwansei (1791). Éditeur Tsutaya Juzaburo à Yédo.

1 vol., haut., 207 millim. ; larg., 151 millim., contenant 14 pages de gravures en couleur.

Tirage moyen. Exemplaire un peu fatigué.

114 — SHIGÉMASA. *Ehon Takara no Nanagusa.* Sept herbes trésors.

Préface signée : Santo Han Kyoden et datée du jour de l'an de l'année Kinoé Né de Kiowa (1804). Kyoden dit que Tsutaya lui ayant montré ce livre, il en fit la préface et lui donna son titre.

Fin, même date Éditeur Tsutaya Juzaburo à Yédo. Cet ouvrage, avec un titre différent et une date plus tardive présente les mêmes gravures que l'ouvrage précédent. Les poésies sont supprimées.

1 vol., haut., 217 millim.; larg., 152 millim., contenant 14 pages de gravures en couleur.

Tirage et état satisfaisants.

115 — SHIGÉMASA. *Ehon Koma Ga Daké.* Livre des chevaux célèbres (en Chine et au Japon).

Préface signée : Gurosaku à Kanda. Elle est calligraphiée par Keigi et datée Mizunoé Inu de Kiowa (1802).

Fin portant la même date. Compilateur : Nansendo Sonnabito. Dessinateur : Kitao Shigémasa. Éditeur Sozando Nishimura Soshichi à Toto. Cachets de possesseurs Shiuséki et les initiales I. A. mises par un Européen. Duret, n° 154.

3 vol. réunis en un seul, haut., 219 millim.; larg., 160 millim., contenant 46 pages de gravures en couleur.

Tirage moyen. État médiocre.

116 — KATSUKAWA SHUNYEI. *Ehon Yumi Bukuro.* Sac d'arcs. (Recueil de guerriers.) — *Reproduction, pl. IV.*

Préface signée : Kiokado Magao et datée Kanoto Tori (1801). On y dit que cet ouvrage est dessiné par Katsukawa et édité par Kansendo. Une note manuscrite sur la fiche de titre attribue cet ouvrage à Shunsho et date l'édition de Temmei; ces deux renseignements sont inexacts.

Rien à la fin. Manque probablement le colophon.

2 vol. réunis en un seul, haut., 212 millim.; larg., 153 millim., contenant 27 pages de gravures en couleur.

Assez bon tirage. État moyen.

117 — SHUNYEI. *Kanadéon Chushingura.* Les fidèles vassaux.

Éditeur Murataya. Dessinateur : Shunyei. Cachet de possesseur Kiko.

1 vol., haut., 170 millim.; larg., 123 millim., contenant 46 pages de gravures en noir (manque le 6ᵉ feuillet).

Tirage et état moyens.

118 — SHUNYEI. *Kotsuzu Shibaï Zuki.* L'amour au théâtre.

Fin, auteur : Tsusho. Dessinateur : Shunyei. Éditeur Okumuraya.

2 vol., haut., 174 millim.; larg., 128 millim., contenant 20 pages de gravures en noir.

Comme ci-dessus.

119 — KATSUKAWA SHUNJO. *Furisodé Yédo Murasaki.* Les longues manches de Yédo, couleur de violette.

Fin signée : Katsukawa Shunjo. Éditeur Murataya.

3 vol., haut., 172 millim.; larg., 130 millim., contenant 30 pages de gravures en noir.

Comme ci-dessus.

120 — Shunjo. *Myako no Kamogawa, Azuma no Tonégawa, Gomuso Koi no Hosho.* La rivière Kamo à Kyoto, la rivière Toné à Azuma, rêve de carpe et de cuisine. Roman.

Auteur : Yoro. Dessinateur : Shunjo. Éditeur Maruya Kohei à l'adresse Tori Aburacho, à Yédo. Cachets de possesseurs Fukuda Bunko et Nadéshikosono.

3 vol., haut., 178 millim. : larg., 130 millim., contenant 30 pages de gravures en noir.

Tirage agréable. Bon état.

121 — Katsukawa Shunrin. Ouvrage sans titre.

Préface signée : Namasu no Morikata et datée 3ᵉ de Temmei (1783).
Le dernier dessin est signé : Katsukawa Shunrin.
Auteur Yadoya Meshimori. Postface signée : Youno no Akara.

1 vol., haut., 185 millim.; larg., 130 millim., contenant 29 pages de gravures en noir.

Bon tirage. État moyen.

122 — Kiyonaga. *Hidéri Amé, Kitsuné no Onciri.* Soleil et pluie, mariage de renard. C'est un titre manuscrit. Le titre courant donne seulement *Hidéri Amé.*

Date manuscrite 8ᵉ de Anyei (1779).
Signé : Kiyonaga, yégaku. Auteur Tsusho.

1 vol., haut., 163 millim.; larg., 122 millim., contenant 14 pages de gravures en noir.

Bon tirage. État médiocre.

123 — Kiyonaga. *Momotaro Genbuku Sugata.* Attitudes de Momotaro adolescent.

Dessinateur : Kiyonaga. Auteur Tsusho. Éditeur Okumuraya.

2 vol., haut., 177 millim.; larg., 129 millim., contenant 20 pages de gravures en noir.

Bon tirage. État moyen. Quelques coloriages.

124 — Kiyonaga. *Soji Komé no Méshi.* Se nourrir est le but de la vie.

Auteur : Tsusho. Dessinateur : Kiyonaga.

1 vol., haut., 174 millim.; larg., 126 millim., contenant 30 pages de gravures en noir.

Tirage et état moyens.

125 — Kiyonaga. *Goku Tsujin.* Grand débauché.

Fin, auteur : Kasho. Dessinateur : Kiyonaga, yégaku.

2 vol., haut., 175 millim.; larg., 129 millim., contenant 20 pages de gravures en noir.

Tirage et état assez bons.

126 — Kiyonaga. *Koji Tsuké.* Éloquence trompeuse.

Dessinateur : Kiyonaga. Auteur Kasho. Éditeur Yeijudo.

3 vol., haut., 175 millim.; larg., 126 millim., contenant 30 pages de gravures en noir.

Tirage et état moyens.

127 — KIYONAGA. *Hana no Haru Jozu Dangi.* **Printemps de fleurs, contes amusants.**

Préface signée : Tsusho, cachet Sanmon et datée printemps de l'année de Tora. A la fin de cette préface une série d'annonces pour des livres de Tsusho et de Kasho illustrés par Kiyonaga. Annonces datées de l'année de Tora de Bunka (1806). Editeur Yeijudo, Nishimura Yoachi.

Fin, auteur Tsusho. Dessinateur : Kiyonaga

2 vol. réunis en un seul, haut., 182 millim ; larg., 133 millim., contenant 20 pages de gravures en noir.

Bon état. Tirage moyen.

128 — TORIYAMA SÉKIYEN. *Sékiyen Gwafu.* **Album de Sékiyen.**

Préface portant le même titre signée : Hayashi Guho, cachets Hakuguho et Hayashi et datée Mizunoto Mi de Anyei (1773).

Pas de colophon. Hayashi, n° 1586, décrit en 2 volumes la première édition de cet ouvrage avec les noms du dessinateur, de ses disciples, du graveur et de l'éditeur. Elle est également décrite avec 3 préfaces et 26 doubles pages de gravures, catalogue Gonse, 1re vente, n° 184. Une édition analogue à celle ci-dessus est décrite catalogue Odin, n° 95.

1 vol., haut., 310 millim.: larg., 207 millim., contenant 15 doubles pages de gravures en couleur.

Edition tardive, mais non la plus récente, en assez bon tirage. État médiocre.

129 — TORIYAMA SÉKIYEN. *Zoho Gwazu Hyakki Tsurézuré Bukuro.* **Sac d'esquisses d'objets se transformant en monstres. — *Reproduction, pl. VI.***

1re préface signée : Genshiu To Takémoto, cachets Genshiu et To Takémoto, datée Kinoé Tatsu, 4e de Temmei (1784).

2e préface signée : Kanda An Seijin, cachets Senchi et Seiyu.

3e préface de l'auteur signée : Shagetsoka Sékiyen Jijo, cachet Sansui Yuseiko.

Fin signée : Toriyama Sékiyen Toyofusa, vieillard de 73 ans. Disciples qui corrigèrent les épreuves : Shiko, Eushi, et Sekicho. Graveur Inouyé Shinshichi. Editeurs Isunoji Isuminojo et Enshuya Yashichi à Yédo. Date Kinoé Tatsu, 4e de Temmei (1784). Page d'annonces de l'éditeur Sékwado pour des œuvres de Toriyama Sékiyen Toyofusa. Hayashi décrit, n° 1587, une édition de 1805 dont les éditeurs sont différents.

3 vol. réunis en un seul, haut., 225 millim.; larg., 155 millim., contenant 54 pages de gravures en gris et noir.

Bon tirage. Pas de pages fatigués.

130 — KITAGAWA UTAMARO. *Ehon Yédo Suzumé.* **Les moineaux de Yédo.**

Préface signée : Jurakwan Shujin, cachets Juraku et Kanko et datée printemps, Hinoé Uma, 6e de Temmei (1786).

A la fin une page d'annonces portant la même date, qui est celle donnée par Mrs Brown à l'édition princeps.

3 vol., réunis en un seul, haut., 217 millim.; larg., 156 millim., contenant 44 pages de gravures en noir.

Assez bon tirage en état moyen. Trous de vers.

151 — Utamaro. Le même ouvrage.

Même préface, à la même date.

Rien à la fin de l'ouvrage. Mrs Brown cite, outre l'édition princeps, deux éditions de cet ouvrage, une en 1788 et une autre en 1797. Ce pourrait être ici l'une ou l'autre de ces éditions. Le papier est moins beau qu'au numéro précédent et l'impression moins soignée.

3 vol. réunis en un seul, haut., 217 millim.; larg., 154 millim., contenant 44 pages de gravures en noir.

Tirage ordinaire. Assez bon état. Évidemment une édition postérieure.

152 — Utamaro. *Ehon Tatoyé no Fushi.* Proverbes illustrés. Ce livre porte une couverture ne lui appartenant pas et qui donne un titre inexact : *Azuma Karagé.*

Préface signée : Tsuburi Hikari et datée 9e de Temmei (1789).

Fin signée : Kitagawa Utamaro, cachet Jisei Ikka. On donne dans la préface le nom de l'éditeur Tsutaya Juzaburo. Catalogue Haviland, 7e vente, n° 539.

1 vol., haut., 221 millim.: larg., 156 millim., contenant 44 pages de gravures en noir.

Bon tirage. État satisfaisant.

153 — Utamaro. *Ehon Mushi Yérabi.* Le livre des insectes.

Préface signée : Yadoya Meshimori.

Au 2e volume, préface signée : Toriyama Sékiyen, cachets Toriyama et Sékiyen et datée 7e de Temmei (1787).

Au colophon, dessinateur : Kitagawa Utamaro, fudé. Compilateur Yadoya Meshimori. Éditeur Koshodo Tsutaya Juzaburo. Date Tsuchinoé Saru de Temmei (1788). Hayashi n° 1665.

2 vol., haut., 267 millim.; larg., 183 millim., contenant 15 planches de gravures en couleur.

L'exemplaire n'est pas homogène. Le deuxième volume, à couverture factice, est d'une édition plus tardive, à la bonne date. Le premier volume, dont l'état est médiocre, montre un tirage meilleur que le second, en bon état.

154 — Utamaro. *Momo Chidori.* Les cent crieurs. Recueil d'oiseaux.

Pas de préface.

Fin signée : Kitagawa Utamaro, cachet Utamaro. Éditeur Tsutaya Juzaburo avec une série d'annonces. Hayashi n° 1666. Duret n° 143 et catalogue Odin n° 96.

1 vol. sur 2, haut., 252 millim; larg., 188 millim., contenant 8 planches de gravures en couleur.

Bon tirage. Trous de vers.

155 — Utamaro. *Kyoka Yomogi no Shima.* L'île des merveilles.

Préface signée : Sentei Asagi Uranari, cachets Sentei et Uranari.

Fin signée : Kitagawa Utamaro, cachet Utamaro. Graveur Asakura Tohachi. Éditeur Nishimura Dembei à Yédo. Hayashi n° 1662 et catalogue Haviland, 7e vente, n° 545, qui décrit une édition avec un éditeur différent.

2 vol. sur 3 (manque le 2e volume), haut., 217 millim.; larg., 159 millim., contenant 29 pages de gravures en noir.

Tirage moyen. Exemplaire propre. Trous de vers.

156 — UTAMARO. *Ehon Shiki no Hana*. Album des fleurs des quatre saisons. — *Reproduction, pl. IV.*

Préface signée : Yomo Utagaki Magao. Fin signée : Kitagawa Utamaro. Date Kanoto Tori, 13ᵉ de Kwansei (1801). Éditeur Isumiya Ichibei à Shiba, avec une page d'annonces de Kansendo (c'est le même). Cachet de possesseur Hayashi. Catalogue Goase, 1ʳ vente, n° 189.

2 vol., haut., 212 millim.; larg., 150 millim., contenant 32 pages de gravures en couleur.

Petit ouvrage rare en bon tirage. Un peu fatigué.

157 — UTAMARO. *Akuréba Hana no Haru Tokéshi Tori*. Transformation des jolies fleurs au petit jour. C'est le titre de la préface. Le titre courant est simplement *Aké no Haru.*

Préface signée : Naïshinko et datée Mizunoé Inu de Kiowa (1802).
Fin, auteur : Naïshinko. Dessinateur Utamaro. Éditeur Nishimuraya, à l'adresse Bakurocho. Cachets de possesseurs Kononushi Senkwa et Fukagawa Funugura Maé Yuasa. Le catalogue Duret décrit. n° 145, un exemplaire semblable.

1 vol., haut., 176 millim.; larg., 130 millim., contenant 29 pages de gravures en noir.

Tirage et état moyens.

158 — UTAMARO. *Seiro Ehon Nenju Gioji*. L'annuaire des maisons vertes.

Auteur Jippensha Ikkiu. Dessinateur Kitagawa Utamaro, gwa
1ʳ préface signée : Senshuro et datée 4ᵉ de Kiowa (1804). 2ᵉ préface signée : Jippensha Ikkiu.
Fin, dessinateur : Kitagawaya Murasakiya Utamaro, cachets Utamaro et famille de Minamoto. Disciples qui surveillèrent l'édition (Kogo Monjin) Kikumaro, Hitémaro et Takémaro. Graveur Fujihiso. Imprimeur Kokushudo Toyémon. Éditeur Kazusaya Chusuke, à Yédo. Date Kinoé Né, 4ᵉ de Kiowa (1804). Hayashi n° 1664, catalogue Haviland, 2ᵉ vente, n° 516, et catalogue Salomon, n° 104.

2 vol., haut., 226 millim.; larg., 158 millim., contenant 41 pages de gravures en couleur et deux frontispices.

Les deux volumes ne sont pas homogènes, le premier appartenant à l'édition à couverture bleue gaufrée; le 2ᵉ, moins bon, portant une couverture jaune. Abondants trous de vers.

159 — UTAMARO. *Hitoshirazu Omoé Somei*. Amour secret.

Préface signée : Kurotobi Shikibu, jeune fille de 14 ans, sœur de Kyoden.
Fin, auteur : Kurotobi Shikibu. Dessinateur : Utamaro.

2 vol., haut., 175 millim.; larg., 126 millim.; contenant 19 pages de gravures en noir.

Tirage et état moyens.

140 — KITAO MASAYOSHI. *Choju Riakugwa Shiki*. Méthode de dessins des oiseaux et des animaux.

Préface signée : Kinsaï Kanjin.
Fin signée : Keisaï, fudé, cachet Keisaï et datée Hinoto Mi de Kwansei (1797). Graveur Shumpodo Noshiro Riuko, cachet Korin. Éditeur Suwaraya Ichibei, à Yédo. Cachet Hayashi. Hayashi, n° 1558, Duret n° 181 et catalogue Odin, n° 108.

1 vol., haut., 268 millim.; larg., 183 millim., contenant 49 pages de gravures en couleur.

Bon tirage de la première édition. État moyen.

141 — MASAYOSHI. *Jimbutsu Riakugwa Shiki*. Méthode de dessins pour les personnages.

Préface signée . Soran Shujin.

Fin signée : Keisaï, fudé, cachet Shoshin et datée Tsuchinoto Hitsuji, 11e de Kwansei (1799). Graveur Shumpodo Noshiro Riuko. Éditeur Suwaraya Ichibei à Yedo. Hayashi n° 1559, Ducet n° 183. catalogue Odin n° 109. Grands cachets de possesseurs Sugamura et Hakurakuzan.

1 vol., haut., 267 millim.; larg., 180 millim., contenant 60 pages de gravures en couleur.

Exemplaire à la bonne date en bon tirage. État satisfaisant.

142 — MASAYOSHI. *Sansui Riakugwa Shiki*. Méthode de dessins des paysages.

Fin signée : Keisaï, fudé, cachet Shoshin et datée 12e de Kwansei (1800). Graveur Shumpodo Noshiro Riuko. Éditeur Suwaraya Ichibei à Yedo. Voir catalogue Javal, 1re partie, n° 98, et catalogue Odin, n° 112 qui décrivent des éditions analogues, mais avec un frontispice n'existant pas ici.

1 vol., haut., 265 millim.; larg., 180 millim., contenant 59 pages de gravures en couleur.

Édition à la bonne date en tirage et état agréables. Trous de vers n'intéressant que la marge inférieure.

143 — MASAYOSHI. *Tatsu no Miya Tsuko*. Les serviteurs du palais des dragons.

Préface signée : Ichiyosei Segwaï et datée 2e de Kiowa (1802).
Signé : Keisaï, fudé, cachet Shoshin et daté Mizunoé Inu. 2e de Kiowa (1802). Graveur Shumpodo Noshiro Riuko. Éditeur Suwaraya Ichibei. C'est ici l'édition princeps de cet ouvrage avec les poésies. Une édition semblable est décrite catalogue Javal, 1re partie, n° 99.

1 vol., haut., 262 millim.; larg., 180 millim., contenant 60 pages de gravures en couleur.

Bon tirage de la première édition. État moyen.

144 — MASAYOSHI. *Giokaï Riakugwa Shiki*. Dessins rapides de poissons et de coquillages.

A l'intérieur, le même titre. Dessinateur : Keisaï Sensei, fudé. Éditeur Shinshodo.
Signé : Keisaï, fudé, cachet Shoshin. Date Mizunoto Tori de Bunka (1813). Graveur Noshiro Shumpodo Riuko To. Éditeur Fukusada Tobei à Naniwa, à l'adresse Sakaé Suji. C'est ici une édition tardive sans les poésies. La bonne date étant 1802. Catalogue Odin n° 114.

1 vol., haut., 260 millim.; larg., 177 millim., contenant 60 pages de gravures en couleur.

Assez bon tirage d'une édition qui fut tirée du vivant de Masayoshi. État moyen.

145 — MASAYOSHI. *Keisaï Riakugwa*. Dessins rapides de Keisaï. C'est l'ouvrage intitulé généralement *Riakugwa En*, parc des dessins cursifs.

Préface signée : Gasaraku, cachet Kanda Sami et datée Mizunoto Hitsuji (1823).
Fin signée : Keisaï, fudé, cachet Shoshin. Planches possédées par la famille Kuwagata, à l'adresse Kanda Benkei Bashi Iwamoto Cho. Hayashi n° 1564, et catalogue Odin n° 118.

1 vol., haut., 271 millim.; larg., 185 millim., contenant 60 pages de gravures en couleur.

Volume tiré un an avant la mort de l'artiste. Tirage et état satisfaisants.

146 — Masayoshi. *Kusunoki Nidaï Gunki*. Histoire guerrière de la famille Kusunoki.

Préface signée : Kiokutei Bakin, cachet Bakin et datée 12ᵉ de Kwansei (1800).
Fin, ouvrage revu par Kiokutei Bakin. Dessinateur : Kitao Masayoshi. Éditeurs à Toto Tsuruya Kiyémon et Chojiya Eibei avec quelques annonces.

5 vol., haut., 204 millim. ; larg., 146 millim., contenant 98 pages de gravures en noir.

Assez bon tirage. État moyen.

147 — Masayoshi. *Tendo Daïfukucho*. La vertu du commerçant (c'est Amakawaya Gihei, le marchand mêlé au drame des Ronin).

Éditeur Tsutaya. Fin, auteur Kisoji, cachet Kisoji. Dessinateur : Kitao Masayoshi.

3 vol., haut., 173 millim. ; larg., 127 millim., contenant 29 pages de gravures en noir.

Tirage et état moyens.

148 — Kitao Masanobu. *Yoshiwara Késé Shinbijin Awasé Jihitsu Kagami*. Miroir des écritures des courtisanes du Yoshiwara. — *Reproduction, pl. III.*

Deux planches portent le titre *Seiro Meikan Jihitsu Shu*, recueil des écritures des courtisanes célèbres.
Préface signée : Yomo Sanjin et datée printemps de Tatsu, 4ᵉ de Temmei (1784).
Postface signée : Shirakwan Shujin. Fin, signée : Kitao Shinsai Masanobu, cachet Masanobu. Éditeur Koshodo Tsutaya Juzaburo, à l'adresse Tori Aburacho, à Yédo. La 3ᵉ planche (c'était la première dans l'exemplaire Javal, 1ʳᵉ partie, n° 92) porte la date 2ᵉ mois 1783. Deux autres planches indiquent l'ancienne adresse de Tsutaya, Omonguchi, quartier qu'il quitta en 1783, tandis que la fin donne sa nouvelle adresse. Cette édition se date donc entre 1783 et 1784 comme le précédent exemplaire Javal. Un autre exemplaire de tirage postérieur est décrit catalogue Hubert, n° 38.

1 vol., haut., 385 millim. ; larg., 256 millim., contenant 7 planches de gravures en couleur sous une couverture de broché japonais.

Cet exemplaire est aussi beau de tirage que celui de la première vente Javal, mais sa condition n'est pas si brillante.

149 — Masanobu. *Hyakunin Isshu Kokon Kyoka Bukuro*. Sac de cent poésies parodiques anciennes et modernes.

Préface signée : Yomo Sanjin.
Postface signée : Hirashichi Tosaku. Compilateur : Yadoya No Meshimori. Dessinateur : Kitao Denzo Mazanobu. Catalogue Gonse, 3ᵉ vente, n° 434 et catalogue Javal, 1ʳᵉ partie, n° 93. Les exemplaires marqués *Temmei Shinsen*, nouvelle édition de Temmei, n'offrent point de variantes de gravures avec les autres.

1 vol., haut., 265 millim. ; larg., 180 millim., contenant 105 pages de gravures en couleur.

Bon tirage. Bas de pages fatigués.

150 — Masanobu. *Azuma Buri Kyoka Gojunin Isshu*. Les cinquante poètes de kyoka de l'est.

Préface signée : Yadoya no Meshimori.
Point de colophon comme dans l'exemplaire décrit catalogue Odin, n° 99, mais des annonces avec un nom d'éditeur illisible, la page étant salie et déchirée. Catalogue Gonse, 3ᵉ vente, n° 435.

1 vol., haut., 248 millim. ; larg., 173 millim., contenant 50 pages de gravures en couleur.

Exemplaire fatigué et remonté. Tirage moyen.

151 — Shosado Shumman. *Kyoku Kotoba no Takimizu.* Poésies comiques écrites librement, comme ruisselle l'eau de la cascade.

Préface signée : Shosado Shumman et datée 7e de Bunka (1810).
Ni postface, ni colophon. Cachet Hayashi. Un possesseur écrivit, sur la page de garde, une sorte d'index donnant les titres et les sujets des chapitres.

1 vol., haut., 224 millim. ; larg., 151 millim., contenant 31 pages de gravures en noir.

Tirage et état assez bons.

152 — Utagawa Toyokuni. *Yédo no Mizu.* Vues de Yédo. — *Reproduction, pl. IV.*

Préface signée : Kiokado Magao, cachets Magao et Kiokado ; on y nomme le dessinateur Toyokuni.
Postface signée : Shiratei, cachet Takara. Fin datée printemps de l'année de U (1795 ?) Éditeur Kansendo à Owari avec deux annonces. Dessinateur : Ukagawa Toyukuni, cachet Ichiyosaï. Éditeur Isumiya Ichibei (c'est le même) à l'adresse Shiba Shimmei Mae.

3 vol., haut., 213 millim. ; larg., 152 millim., contenant 38 pages de gravures en noir.

Tirage moyen. Conservation agréable pour le 1er volume, médiocre pour les autres.

153 — Toyokuni. *Gwazu Haïyu Sangaïkio.*

Dessinateur : Utagawa Toyokuni. Auteur Shikitei Shujin Samba. Éditeur Shunshoken.
Préface portant le titre *Gwazu Yakusha Shashin Sangaïkio*, signée : Shikitei Samba, cachets Shikitei et Samba, et datée Kanoé Saru de Kwansei (1800). Après cette préface, une introduction portant le cachet Samba.
Postface signée : Samba et datée Kanoto Tori de Kwansei (1801). Elle est calligraphiée par Chikura Toryu.
Fin, dessinateur : Utagawa Ichiyosaï Toyokuni, cachets Ichiyosaï et Toyokuni. Date 13e de Kwansei (1801). Libraires Yorozuya Tajiyémon et Shunshoken Nishimiya Shiroku Zoshin (c'est l'éditeur) à Yédo. Annonces de Kabuki Kimozuyé. Catalogue Haviland, 2e vente, n° 519, et catalogue Javal, 1re partie, n° 104.

2 vol., haut., 217 millim. ; larg., 153 millim., contenant 40 pages de gravures en couleur et 2 frontispices.

Couvertures originales de la 1re édition. Assez bon tirage. État moyen.

154 — Toyokuni. *Ehon Imayo Sugata* (Jisei Yosooï). Mœurs actuelles du Yoshiwara.

Frontispice, auteur : Ukagawa Toyokuni. Édition revue par Shikitei Samba. Éditeur Kansendo, cachet Sénichi.
1re préface signée : Shikitei no Okina.
2e préface signée : Shikitei no Okina Samba, calligraphiée par le disciple Rakusanjin Basho.
Fin, auteur et dessinateur : Ukagawa Toyokuni. Édition revue par Shikitei Shujin Samba. Graveur Yamaguchi Seizo. 2e de Kiowa (1802). Éditeur Kansendo Isumiya Ichibei à Toto. Hayashi, n° 1684.

2 vol., haut., 215 millim. ; larg., 150 millim., contenant 48 pages de gravures en couleur et 2 frontispices où s'inscrivent des poésies.

Exemplaire en bon tirage de la première édition avec ses couvertures. Le premier volume contient plusieurs pages tachées par l'humidité. Le second est en bon état.

155 — Toyokuni. *Awasé Kayami*. Miroir des mœurs féminines. C'est le titre donné par la préface, la fiche extérieure manquant.

Préface signée : Shichimbampo.
Fin signée, dessinateur : Utagawa Toyokuni. yégaku.
Postface signée : Hotsubun Manju, cachet Ho. Quelques annonces de l'éditeur Iséya Jisuké à Yédo.

3 vol., haut., 218 millim.; larg., 154 millim., contenant 37 pages de gravures en noir. *Tirage très délicat. Excellent état.*

156 — Jippensha Ikkiu. *Riomenzuri Koen*. Imprimé des deux côtés, ou les deux aspects de la vie.

1re préface signée : Happensha Nanichi, cachet Mokudo.
2e préface signée : Jippensha Ikkiu, cachet Tei. elle est datée 3e de Kiowa (1803).
Fin signée : auteur Jippensha Ikkiu (c'est aussi le dessinateur.)
Éditeur Yamaguchiya, à l'adresse Bakurocho.

1 vol., haut., 170 millim.; larg., 125 millim., contenant 28 pages de gravures en noir.

Tirage et état moyens.

157 — Jippensha Ikkiu. *Chu*. Fidélité.

Préface signée : Jippensha Ikkiu. Fin signée : Ikkiu.

1 vol., haut., 175 millim.; larg., 115 millim., contenant 29 pages de gravures en noir.

Assez bon tirage. État moyen.

158 — Yoshida Ranko. *Ehon Kirei Ogi*. Le livre des beaux éventails. *Reproduction, pl. V.*

Au début une page de calligraphie.
Fin, graveurs Yayoshido Sancho et Séonsei Suishaku. Libraires Isumoji Isuminojo à Yédo, avec une maison à Kyoto, Enshoya Yoshichi également à Yédo et Tsurugaya Kuhei à Osaka. C'est ici le 3e volume de cet ouvrage très rare dont les deux premiers étaient décrits catalogue Odin, n° 134. Mrs Brown lui donne la date 1783.

1 vol. gwajo, haut., 295 millim.; larg., 205 millim., contenant 15 doubles pages de gravures en couleur. Couverture de broché japonais.

Très beau tirage. État moyen.

159 — Nobushigé. *Trente-six poètes de kyoka*. (Sur la fiche le titre de l'ouvrage est illisible.)

Préface signée : Yasuda Sadao, sans date.
Postface signée : Torioken Fusaï et datée 8e de Kwansei (1796).
Fin, dessinateur : Riokumosaï Eho Nobushigé, cachet Fujiwara. Calligraphe Shikochoso, cachet Hogetsu.
Date 9e de Kwansei (1797). Éditeur Yorozuya Tajiyémon à Toto.

1 vol., haut., 230 millim.; larg., 165 millim., contenant 36 pages de gravures en couleur.

Tirage et état agréables.

160 — TANYU. *Shushin Gwajo*. Dessins célèbres.

Au frontispice : Kunshoken Mosha, copié par Kunshoken. Éditeur Shizankwan.

1re préface signée : Katsuragawa Churio, cachets Katsuragawa Hosai et Keirin Shosha et datée Mizunoé Inu de Kiowa (1802).

2e préface signée : Kunshoken Shujin Baïro.

3e préface signée : Rinko Shiba Kofuku (c'est l'éditeur Shizankwan), cachets Shibayama et Minamoto Masatsumé et datée Mizunoé Inu de Kiowa (1802).

Cachet de possesseur Shinobazu Bunko. Voir catalogue Gonse, 1re vente, n° 192 ; catalogue Haviland. 4e vente, n° 345 ; et catalogue Odin n° 142.

2 vol. sur 3 (manque le dernier). haut., 318 millim. ; larg., 212 millim., contenant 80 pages de gravures, partie en noir et partie rehaussée.

Tirage et état satisfaisants.

161 — KIURO (KINO BAÏTEI). *Kiuro Gwafu*. Album de Kiuro.

Colophon daté Tsuchinoto Hitsuji, 11e de Kwansei (1799). Libraires Okiya Gibei et Okiya Ginsuké à Kyoto. Voir catalogue Odin n° 119.

1 vol. sur 2 (manque le 1er), haut., 262 millim. ; larg., 184 millim.. contenant 32 pages de gravures en noir.

Exemplaire bien conservé. Assez bon tirage.

162. — ANONYME. *Azuma Asobi Kidan*. Légendes des endroits célèbres de l'est.

Préface signée : Unkeishi.

Fin datée Kanoto Tori, 13e de Kwansei (1801). Libraires à Kyoto Yabataya Kinshichi, Yorozuya Kuhei. Akitaya Tobei, Shinamura Tahei et Hokiya Gihei. Cachets de possesseurs Séso Bunko et Nonaka Kei.

5 vol. réunis en un seul, haut., 216 millim. ; larg., 153 millim.. contenant 20 pages de gravures en noir.

Beau tirage de cet ouvrage curieux et peu connu. Assez bon état. Quelques petits trous de vers, rebouchés avec soin.

163 — OGATA KORIN. *Korin Gwafu*. Dessins de Korin.

Préface signée : Chikagei.

Fin signée : Hochu de Naniwa qui dit avoir copié ces dessins près du foyer d'un hôtel à Toto. Date Mizunoé Inu de Kiowa (1802).

Une page d'annonces d'Isumiya Shojiro avec la date 9e de Bunsei (1826). Possesseur Toyoharu Chikayoshi. Catalogue Hubert n° 41 et catalogue Odin n° 128 qui signale une édition tardive.

2 vol., haut., 272 millim. ; larg., 191 millim., contenant 26 planches de gravures en couleur.

Deuxième édition en assez bon tirage. État plaisant.

164 — KORIN. *Korin Hyakuzu*. Cent dessins de Korin.

Préface signée : Hosaï Kamédako, cachets Hosaï Kanjin et Shosowa.

Postface signée : Hoitsu qui réunit ces dessins pour le centenaire de la mort de Korin, Kinoto Hi de Bunka (1815). Grand cachet Kiitsu Zohan indiquant la bonne édition. Cachet de possesseur Tonan. Catalogue Haviland, 7e vente, n° 643.

2 vol., haut., 264 millim. ; larg., 180 millim., contenant 63 pages de gravures en noir.

Exemplaire en bon état. Tirage moyen.

165 — KORIN. *Korin Hyakuzu, Kohen*. Cent dessins de Korin, 2ᵉ série.

Préface signée : Buncho et datée 9ᵉ de Bunsei (1826).
Postface signée : Hoitsu, à la même date. Grand cachet Kihitsu Zohan. Possesseur Uyékiya Yashichi. Le catalogue Haviland, 7ᵉ vente, nᵒ 644, décrit un ouvrage semblable, mais avec le nom du libraire qui n'existe pas ici.

2 vol., haut., 262 millim.; larg., 180 millim., contenant 73 pages de gravures en noir.

Exemplaire non homogène. Les deux volumes ont des couvertures différérentes. Tirage moyen. Bon état, surtout le 2ᵉ volume.

166 — YAMAGUCHI SOKEN. *Yamato Jimbutsu Gwafu*. Album de personnages japonais.

Au début de l'ouvrage, une double page de calligraphie signée : Minagawa Gen, cachets Minagawa Gen et Kihen.
1ʳᵉ préface signée : Gessen et datée Shimozuki, 11ᵉ mois.
2ᵉ préface signée : Shiuririto, cachet Ri-To et datée 12ᵉ année de Kwansei (1800).
Fin signée : Yamaguchi Soken, cachet Yamaguchi Saï et datée 11ᵉ de Kwansei (1799). Libraires Noda Shichibei à Toto; Kawachiya Tasuké à Naniwa; Noda Dembei (Han) et Hishiya Magobei (Shin) à Kyoto. Possesseur Yamamoto Tanyen. Mrs Brown donne 1799, date du colophon à cet ouvrage et Hayashi décrit, nᵒ 1636, une édition de 1802. Le catalogue Odin décrit, nᵒ 146, un exemplaire semblable à celui ci-dessus, mais avec Nagamura Kasuké comme premier libraire. Ce même libraire existe dans les exemplaires Isaac nᵒ 408, et Gonse, 3ᵉ vente, nᵒ 445, mais la disposition générale du colophon est différente. Aucun de ces exemplaires ne présentait la 1ʳᵉ préface qui existe ici.

3 vol., haut., 261 millim.; larg., 180 millim., contenant 105 pages de gravures en noir.

Très probablement la bonne édition. Tirage et état parfaits.

167 — SOKEN. *Yamato Jimbutsu Gwafu, Kohen*. Album de personnages japonais, deuxième partie.

Préface signée : Shikusan Shujin.
Fin signée : Yamaguchi Soken, cachet Yamaguchi Saï et datée 1ʳᵉ de Bunka (1804). Libraires Hishiya Magobei, Noda Dembei et Nagamura Kasuké à Kyoto. Duret nᵒ 482 bis, et le catalogue Odin nᵒ 147. Hayashi, nᵒ 1637, signale une édition de 1806.

3 vol., haut., 356 millim.; larg., 180 millim., contenant 105 pages de gravures en noir.

Exemplaire en bon tirage, et dont le troisième volume surtout est un peu fatigué.

168 — SOKEN. *Soken Sansui Gwafu*. Album des paysages de Soken.

Préface signée : Sanyo Gwaïshi, cachets Raïjo et Raï-hisei.
Signé : Yamaguchi Soken, cachet Soken, à Héan (Kyoto), et daté 15ᵉ de Bunka (1818). Graveur Inouyé Jihei. Libraires Uyéda Hanzaburo, Fuji Sahei Noda Kasuké, Yamanaka Zembei, Otani Nihei et Uyézaka Kambei, à Kyoto. Duret nᵒ 483, Isaac nᵒ 411 et catalogue Odin nᵒ 149.

2 vol., haut., 255 millim.; larg., 178 millim., contenant 103 pages de gravures en gris et noir.

Exemplaire en bon état. Tirage agréable.

169 — NISHIMURA NANTEI. *Nantei Gwafu.* Dessins de Nantei.

Préface signée : Hambiaku An et datée Kinoé Né (1804).

Signé : Nishimura Nantei à Héan, cachet Séyo Sho et daté 4e de Kiowa (1804). Libraires à Kyoto Uénémura Ihei, Yabataya Kinshichi, Otsuya Gembei et Hokiya Gihei. Cachets de possesseurs Yamamoto et Tanyen. Le premier volume de l'exemplaire décrit ici appartient à une édition analogue à celle décrite catalogue Odin n° 164, édition avec des poésies ; tandis que les deux derniers volumes appartiennent à une édition sans poésies. Colophon identique pour les deux éditions. Le premier volume montre une couverture gaufrée à décor de papillons et de feuille d'aoï ; les deux autres une couverture unie. L'exemplaire Odin avait une couverture gaufrée à petits dessins réguliers.

3 vol., haut., 264 millim. ; larg., 186 millim., contenant 100 pages de gravures en noir.

Il est assez difficile de décider, encore que bien des précédents y invitent, que le volume avec poésies est antérieur aux deux autres. Quoi qu'il en soit le tirage et l'état des trois volumes sont excellents.

170 — KAWAMURA BUMPO. *Bumpo Sogwa.* Esquisses de Bumpo.

Préface signée : Moko, cachet Moko et datée Kanoé Saru de Kwansei (1800).

Fin signée : Bumpo Shunsei, cachet Shunsei. Éditeur Fugetsu Mogosuké à Nagoya. Date 12e de Kwansei (1800). Duret, n° 468, signale l'édition de Yédo et le catalogue Gonse, 3e vente, n° 463, une de Nagoya avec Erakuya Toshiro comme éditeur.

1 vol., haut., 230 millim. ; larg., 163 millim., contenant 53 pages de dessins rehaussés et un frontispice imprimé en vert.

Assez bon tirage. Exemplaire très propre. Trous de vers surtout au début et à la fin.

171 — BUMPO. *Bumpo Kangwa.* Dessins de Bumpo dans le style chinois.

Préface signée : Fujiwara Ason Toshiatsu, cachets Kimura et Toshiatsu et datée Mizunoto Hi de Kiowa (1803).

Fin signée : Bumpo Shunsei, cachet Bumpo Basei. Date 3e de Kiowa (1803). Libraires Yoshida Shimbei à Kyoto, Kashima Chiubei et Washizu Tatsusaburo à Naniwa. Quatre feuillets d'annonces de Yoshida Shimbei. Duret n° 469, et catalogue Haviland, 7e vente, n° 711.

1 vol., haut., 224 millim. ; larg., 158 millim., contenant 51 pages de dessins rehaussés.

Tirage et état moyens. Nombreux trous de vers.

172 — BUMPO et NANGAKU. *Kaido Sogwa.* Dessins cursifs sur la route.

Manque la préface.

Fin signée : Nangaku Iséki pour les dessins de gauche et Bumpo Basei pour ceux de droite. Date 8e de Bunka (1811). Éditeurs Kawachiya Kikei, à Naniwa, et Yoshidaya Shimbei à Kyoto. Cet exemplaire devait posséder une préface expliquant que ce livre était primitivement en deux volumes, un de poésies et un de gravures et qu'il en est fait une autre édition en un volume, avec le titre *Kaido Sogwa,* contenant uniquement des gravures. On pouvait acheter séparément le volume de poésies.

Il est donc certain, d'après cette préface, que l'édition princeps était en deux volumes avec un seul titre et non deux comme le dit Mrs Brown. Les éditions avec deux titres étaient postérieures et l'on pouvait acheter séparément l'un ou l'autre volume. Cependant, tous les exemplaires en deux volumes avec un seul titre n'appartiennent pas à l'édition princeps : exemple celui décrit catalogue Hubert n° 44, avec la date 1812. Le catalogue Haviland, 2e vente, n° 520, décrit un exemplaire en un volume.

1 vol., haut., 250 millim. ; larg., 173 millim., contenant 72 pages de dessins rehaussés.

Tirage et état moyens.

173 — Shokwado. *Shokwado Gwajo*. Album de Shokwado.

Au début, pages de calligraphie signées : Inshi Gakuyosaï, cachet Kiho.

Postface signée : Naniwa Inshi Gakuyosaï Itosoaï Kiho, cachet Gakuyosaï et datée automne, Kinoé Né, de Bunka (1804).

Fin datée, hiver de la même année. Éditeur Shoakudo, cachet Genkio. Chaque planche de dessins porte le cachet de Shokwado. Voir catalogue Javal, 1re partie, n° 107.

1 vol., haut., 320 millim.; larg., 227 millim., contenant 22 planches de dessins rehaussés. (L'exemplaire Javal en avait 24.)

L'ouvrage complet comprend un second volume paru en 1805. Notre exemplaire est en très beau tirage. Il est propre, mais cruellement mangé aux vers.

174 — Fujiwara Harusuyé (?). *Yédo Shokunin Uta Awasé*. Poésies sur les métiers de Yédo.

Préface signée : Fujiwara Yasuchika, de la province de Iyo. Il dit que son frère a dessiné cet ouvrage. Datée 5e de Bunka (1808).

Postface signée : Ishihara avec un kakihan et datée 2e de Bunka (1805). On y dit que Isobeï Chikaï a écrit cet ouvrage et que Fujiwara Harusuyé l'a illustré. Point de nom d'éditeur. Je n'ai pu identifier ce dessinateur.

2 vol., haut., 264 millim.; larg., 183 millim.; contenant 50 pages de gravures en noir.

Exemplaire bien conservé en bon tirage. Trous de vers sans importance.

175 — Suiséki. (Sato Masuyuki) *Roku Rokusen*. Les trente-six poètes. — *Reproduction, pl. V.*

Au début, une page de calligraphie non signée.

1re préface signée : Seifu Dojo Shoroku et datée printemps, Hinoto U de Bunka (1807).

2e préface non signée dans laquelle il est dit que ces dessins furent d'abord des ex-voto exposés dans un temple par Suiséki To Masuyuki qui les réunit ensuite en un volume.

Fin, graveur : Murahami Kuyei à Osaka. Mrs Brown cite cet ouvrage avec la même date.

1 vol., haut., 221 millim.; larg., 155 millim., contenant 34 pages de gravures en couleur.

Tirage soigné. Bon état. Trous de vers dans la marge intérieure.

176 — Suiséki. *Suiséki Gwafu. Kwaki Kinju Giochu no Bu*. Album de Suiséki partie des fleurs, plantes, oiseaux, animaux, poissons et insectes. C'est le titre donné au début des gravures, la fiche extérieure manquant. — *Reproduction, pl. V.*

Préface signée : Zuio To Jusei.

Fin signée : Suiséki Sato Masuyuki, cachet Suiséki avec l'annonce d'un 3e volume du même auteur. Date Kanoé Tatsu, 3e de Bunsei (1820). Libraires Tennojiya Ichirobei à Kyoto, Suwaraya Mohei à Toto et Kawachiya Mokubei à Naniwa. Duret n° 497, avec le titre *Suiséki Gwafu Nihen*. C'est celui que donne également Mrs Brown qui dit ce volume extrêmement rare.

1 vol., haut., 253 millim., larg., 174 millim.; contenant 58 pages de gravures en couleur.

Bon tirage. État moyen.

177 — Ungwa. *Kagéboshi.* Ombres. Recueil de haïkaï illustrés.

Préface signée : Muka Sanjin et datée Kinoé Inu (1814). On y dit que les poésies furent recueillies par Bonreishi. La plupart des dessins sont signés Ungwa, cachet Ungwa.

Postface signée : Kanshi Joséki, cachet Joséki et Ruchiku Soshujin. Pas de colophon. Un ouvrage dont le dessinateur se nommait également Ungwa est décrit catalogue Gonse, 3ᵉ vente, nᵒ 526. S'agit-il du même artiste ?

3 vol., haut., 260 millim.; larg., 178 millim., contenant 335 pages de gravures en noir.

Exemplaire propre en bon tirage.

178 — Aïkawa Minwa. *Mangwa. Hyakkujo.* Cent esquisses représentant des femmes.

Préface signée : Fumiuri no Okina et datée 11ᵉ de Bunka (1814).

Fin signée : Aïkawa Tei Minwa, cachets Setsuzan et Minamoto et datée 11ᵉ de Bunka (1814).

Texte signé : Baisho O Shigétaka. Colophon à la même date. Libraires Maékawa Rokuzayémon à Yédo, Yanagiwara Kihei à Osaka et Yoshidaya Kimbei à Kyoto. Un exemplaire semblable est décrit catalogue Gonse, nᵒ 208, mais seulement avec 58 pages de gravures. Un autre, sans colophon, est décrit catalogue Odin nᵒ 175.

1 vol., haut., 261 millim.; larg., 178 millim., contenant 62 pages de dessins rehaussés et 6 feuillets de texte foliotés de 1 à 6.

Tirage et état assez bons

179 — Unshitsu Shonin. *Soshi Gwaden Tsukétari Gunsen Kokwaï Zu.* Poésies des Song illustrées, augmentées des portraits des sennins.

Dessinateur : Unshitsu Shonin. Éditeurs Senshobo et Jiyudo à Toto.

Préface signée : Hosaï Ko. Après la première partie, une postface signée : Unshitsu Dojin, cachets Unshitsu et Nan et datée 6ᵉ mois, Kinoto Ili de Bunka (1815).

Postface de la 2ᵉ partie signée : Unshitsu Dojin, cachet Unshitsu Dojin.

Fin datée Hinoé Né, 13ᵉ de Bunka (1816). Éditeurs Suwaraya Mohei et Suwaraya Yosaburo.

1 vol., haut., 227 mill.; larg., 146 millim., contenant 72 pages de dessins rehaussés.

Tirage soigné. Bonne condition. Quelques mouillures.

180 — Divers. *Kikwa Shu.* Recueil de fleurs.

Dans la marge intérieure le titre : *Héan Meika Bunka Gwafu.* Au début, une page de calligraphie signée : Teisaï Ko, cachet Teisaï, calligraphiée par Sangakushi, cachet Kishi.

Rien à la fin du volume. Cet ouvrage est un arrangement du *Bijin Awasé* dont les deux volumes sont décrits catalogue Gonse, 3ᵉ vente, nᵒˢ 467 et 468. Il contient des gravures de l'un et l'autre volumes et est certainement postérieur. Je possède un autre arrangement, avec le titre *Kikwa Shu,* du *Bijin Awasé* différent comme arrangement de gravures et possédant une préface datée 14ᵉ Bunka (1817).

1 vol., haut., 253 millim.; larg., 182 millim., contenant 11 pages de gravures en couleur.

Tirage très soigné. Bon état.

181 — GESSHO. *Fukei Gwaso* ou *Fugio Gwaso.* Recueil de dessins variés. *Reproduction pl. V.*

Dessinateur : Gessho Sensei Sha I. Éditeur Keiundo à Owari, cachet Keiungwa Oku.

Préface signée : Hatakanaé à Owari, cachet Hatakanaé et datée Hinoto Ushi de Bunka (1817). Elle est calligraphiée par Niwa, cachet Niwa. Après la préface, une double page de calligraphie signée : Sendojin, cachet Kosendojin (dans certains exemplaires, ce feuillet précède la préface).

Signé : Gessho, cachet Cho et Gessho. Date 14 de Bunka (1817). Éditeurs à Owari Erakuya Toshiro et Keiundo Tobei, cachet Keiungwa Oku. Possesseur Hayashi, cachet Kosai. Les catalogues Gonse, 1re vente, n° 217, Isaac n° 458, et Odin n° 177 décrivent tous cet ouvrage avec Matsuya Zembei comme 2e éditeur.

1 vol., haut., 278 millim.; larg., 188 millim., contenant 61 pages de dessins rehaussés.

Bel état. Tirage moyen.

182 — DIVERS. *Sakazuki Awasé.* Recueil de coupes à saké.

1re préface signée : Nénohi Iliso, vieillard de 88 ans. C'est une page de calligraphie.

2e préface signée : Kihen.

Les dessins sont signés : Choshun, Masuyuki ou Shoaen.

Postface signée : Hanaya Uraboshi et datée 1re de Bunsei (1818). On y dit que cet ouvrage fut fait pour l'anniversaire de Daikoku An, âgé de 77 ans. Fin, graveur Mentei à Osaka.

1 vol., haut., 255 millim. ; larg., 182 millim., contenant 63 pages de gravures en noir.

Beau tirage en gris. État agréable. Feuillets jaunis dans les marges. Quelques trous de vers.

183 — DIVERS. *Kogwa Yoran.* Recueil d'anciennes peintures. *Reproduction, pl. V.*

Compilateur : Musha Shuhei. Correcteur Ko Enjo. Éditeur Giokuzando.

Préface signée : Enjo, cachet Takata Shi et datée 6e de Temmei (1786).

Fin, annonces de Giokuzando Yamashiroya Sahei. Date 1re de Bunsei (1824) Mrs Brown cite cet ouvrage d'artistes divers, parmi lesquels Bunrei, en lui donnant la date 1812. La préface, étant datée 1786 il y a eu certainement une édition à cette date ou un an plus tard. Celle que décrit Mrs Brown pourrait être la seconde et nous décririons ici la troisième. Le catalogue Haviland, 4e vente, n° 344, décrit un ouvrage semblable, mais sans colophon.

3 vol., haut., 248 millim. ; larg., 180 millim., contenant 90 pages de gravures en gris et noir.

Assez bon tirage. État moyen. Couvertures factices.

184 — KOHEN. *Nampo Jo.* Album de Nampo (c'est Shokusanjin, l'auteur). *Reproduction, pl. V.*

Préface signée : Suyétaka. Chaque dessin est signé Kohen, cachet Kohen.

Fin signée : Shokusanjin, cachets Nampo et Ota. 1re postface signée : Nangu et datée Kinoé Saru, 7e de Bunsei (1824). 2e postface du graveur, signée Tani Seiko, cachet Seiko et datée Saru, 2e mois, 7e de Bunsei (1824). Point de nom d'éditeur.

1 vol., haut., 250 millim. ; larg., 180 millim., contenant 11 pages de gravures en couleur.

Bon tirage. État intérieur agréable.

185 -- Anonyme. *Shoslo Zukaï*. Explications illustrées pour acquérir des vertus dans la doctrine de Confucius. — *Reproduction, pl. III*.

Même titre au frontispice. Éditeur Bando. Date Kinoé Saru de Bunsei (1824).
Préface signée : Manen Shujin et datée Kinoé Saru, 7° de Bunsei (1824).
Postface portant la même date et la même signature. Cachets de possesseurs Kiusékisha et Nishinki.

1 vol., haut., 261 millim., larg. ; 198 millim., contenant 40 pages de gravures en couleur.

Tirage d'une qualité exceptionnelle. Bel exemplaire.

186 — Kawamura Kiho. *Kiho Gwafu*. Album de dessins de Kiho.

Préface signée : Ichuin Dojin, cachets Seizui et Azana Nishiko et datée Kinoé Saru de Bunsei (1824).
Page de calligraphie signée : Sohin, cachet Nakajima Bunkichi.
Postface signée : Kiho, cachet Nanzan. Fin datée 10° de Bunsei (1827). Libraire éditeur : Bunshodo Yoshida Shimbei à Kyoto, cachets de possesseurs Chinyen et Shoka. Un exemplaire semblable est décrit catalogue Gonse, 1re vente, n° 202. Duret, n° 478, signale l'édition princeps de 1824.

1 vol., haut., 257 millim. ; larg., 174 millim., contenant 60 pages de dessins rehaussés.

Tirage et état moyens.

187 — Oïsui Shinko (Matora). *Sogwa Kokufu*. Dessins abrégés des mœurs du pays.

Préface signée : Chikuso Morikawa Sého, cachets Morisého et Mori Rikichi et datée Hinoto Ili, 10° de Bunsei (1827).
Fin signée, peintre : Oïshi Shinko, cachet Nengyo Shigunkokio. Graveur Sékodo Tani Takuhoku, cachet Narahini Suri. Date Tsuchinoé Né, 11° de Bunsei (1828). Libraires Yoshinoya Kihei à Kyoto, Tsuruya Kiyémon à Kyoto, Kawachiya Kihei, cachet non déchiffré et Kawachiya Kichibei, cachet Isui à Osaka. Catalogue Gonse, 1re vente, n° 217, et catalogue Odin, n° 179.

2 vol. en un seul, haut., 281 millim. ; larg., 198 millim., contenant 55 pages de dessins rehaussés.

Bon tirage en état moyen. Quelques pages salies dans le 2° volume. Trous de vers.

188 — Genkaï. *Fuyo Kikwan*. Vues extraordinaires du Mont Fuji.

Préface signée : Shoni I Sukénari, cachets Fuji Sukénari et Shiaku et datée Tsuchinoé Né de Bunsei (1828). On y nomme le dessinateur Genkaï.
Postface signée : Shurigondayu Koshi, cachets Fuji Koshi et Kwan, à la même date. Pas de colophon.

1 album gwajo, haut., 174 millim. ; larg., 240 millim., contenant 16 planches de gravures en couleur.

Tirage très soigné. Bon état. Quelques trous de vers.

189 — Divers. *Hakuraku Shu*. Poésies du groupe de Hakuraku.

Les pages de gravures sont signées : Torin, Eikigi, Shosado Kubo Shumman et Unpo. Rien à la fin.

1 album, gwajo, haut., 183 millim. ; larg., 257 millim., contenant 6 planches de gravures en couleur.

Tirage extrêmement soigné. État médiocre. Trous de vers.

190 — Yusaï. *Yusaï Gwafu.* Album de Yusaï.

Préface signée : le disciple Kioson Kokinko, cachets Kokinko et Keihu et datée octobre, 3ᵉ année de Kokwa (1846).

A la fin, deux cachets de possesseurs Shisen Sanken et Kiuba Raïko. Un album portant le même titre est décrit catalogue Haviland, 5ᵉ vente, n° 360. Mais la préface différente est antérieure d'un mois (septembre) et 8 seulement des gravures se retrouvent dans l'album ci-dessus.

1 vol., gwajo, haut.. 295 millim.; larg., 174 millim , contenant 13 doubles pages de gravures en noir.

Bon tirage. État excellent.

191 — Tawaraya Sori. *Shiki Nabi Gusa.* La souche des peuples naturalisés (poésies sur les étrangers).

Préface signée : Toto Banshotei, cachet fantaisiste. datée Tatsu de Kwansei (1796), calligraphe Hogaku Sanjin, cachet Ho-Gaku.

Le dernier dessin est signé : Hyakurin Sori, yégaku. Postface signée : Sériotei Kwanshi. On y dit cet ouvrage illustré par Tawaraya. Cette postface porte comme titre, en caractères romains, le mot *Ato*, c'est-à-dire, après, post, et à la suite de la signature le mot *Nobéru*, qu'on peut traduire : écrit, énoncé. La date est également écrite en caractères romains, Hinoé Tatsu. Haru (1796). Cachets de possesseurs : Chinkatei et Shumbo.

1 vol., haut., 227 millim.; larg.. 165 millim., contenant 10 pages de gravures en couleur.

Curieux petit volume en tirage soigné et en assez bon état.

192 — Hokusaï Shunro. *Kiokun Zo Nagamochi.* Coffre d'enseignements divers.

Préface signée : Ito Tamboku, vieillard de 73 ans, et datée 2ᵉ de Horéki (1752).

La dernière illustration est signée : Katsukawa Shunro. Fin datée Kinoé Tatsu, 4ᵉ de Temmei (1784), *Saïkoku,* c'est-à-dire 2ᵉ édition. Libraires à Koto Nishimiya Shinroku. Kazusaya Rihei et Misakiya Seikichi, ce dernier est l'éditeur (Hamoto). Mrs Brown cite à cette date un ouvrage en 1 volume qu'elle appelle *Flow Omaga Mochi* sans doute le même que celui-ci.

5 vol., haut., 222 millim.; larg., 155 millim., contenant 20 pages de gravures en noir.

Tirage et état moyens.

193 — Hokusaï. Recueil de poésies de printemps sur trois sujets.

Préface signée : Yomo Sanjin Magao, cachet Magao.

Fin, éditeur à Yédo Shuchodo. Date 11ᵉ de Kwansei (1799). Une planche est signée : Sori, yégaku.

1 vol., haut., 195 millim.; larg.. 143 millim., contenant 2 doubles pages de gravures en couleur.

Tirage soigné. Assez bon état, sauf quelques mouillures. Couvertures factices.

194 — Katsushika Hokusaï. *Toto Shokei Ichiran.* Vues des paysages célèbres de Yédo.

Préface non signée.

Fin signée : Hokusaï Tokimasa et datée 12ᵉ de Kwansei (1800). Graveur Ando Enshi. Libraires à Yédo, Suwaraya Mohei, Suwaraya Ihachi et Tsutaya Juzaburo. Hayashi n° 1714 et Duret n° 281.

2 vol., haut., 262 millim.; larg., 171 millim., contenant 40 pages de gravures en couleur.

Exemplaire en bel état. Assez bon tirage.

195 — Hokusai. *Ehon Yédo Murasaki.* Livre de Yédo couleur de violette. C'est le titre extérieur. Chaque planche porte le titre *Kanadéon Chushingura,* le drame des fidèles Ronin.

Éditeur Tsuruya Kin.

1 album, haut. 249 millim.; larg., 185 millim., contenant 11 doubles planches de gravures en couleur. Ces planches ont été tirées en estampes et c'est ainsi qu'on les trouve le plus fréquemment.

Tirage et état moyens.

196 — Hokusai. *Fujimi no Tsura.* Les admirateurs du Fuji (c'est le nom d'un groupe de poètes).

Préface signée : Suiro Han.
Fin datée Mizunoto Hi de Kiowa (1803). Éditeur Suiro Han. Les planches sont signées : Gwakiojin Hokusai. Hayashi, n° 1711, décrit un ouvrage semblable, mais ne contenant qu'une planche de gravure.

1 vol., haut., 219 millim.; larg., 157 millim.; contenant 2 planches de gravures en couleur.

Charmant petit ouvrage, assez rare et d'un très beau tirage. État agréable.

197 — Hokusai. *Ehon Kyoka Yama Mata Yama.* Poésies parodiques, montagnes sur montagnes.

Dessinateur : Hokusai. Revu par Benbenkwan Sensei. Compilateur Oaratei Shujin. Éditeur Koshodo.
Préface signée : Benbenkwan Korifu.
Postface signée : Oaratei Tanho.
Fin datée, Kinoé Né, 4° de Kiowa (1804). Éditeur Tsutaya Juzaburo. Hayashi, n° 1715, et catalogue Gonse, 1re vente, n° 194.

3 vol. réunis en un seul, haut., 266 millim.; larg., 174 millim., contenant 60 pages de gravures en couleur.

Exemplaire assez frais en tirage agréable.

198 — Hokusai. *Shimoyo no Hoshi.* Étoiles dans la nuit givrée. Roman.

Dessinateur : Hokusaï. Date Tsuchinoé Tatsu (1808). Auteur Tanéhiko. Éditeur Sanseido.
Preface signée : Hakuan Giokushi, cachets Hakuan Shijin et Giokushi et datée Hinoto U de Bunka (1807).
Fin signée : Katsushika Hokusaï. Auteur Riutei Tanéhiko. Graveur Sakaï Yonésuké. Date Tsuchinoé Tatsu, 5° de Bunka (1808). Libraires Uyémura Toyémon à Kyoto, Kawachiyu Tasuké à Naniwa, Wakabayashi Seibei et Yamazaki Heihachi à Toto.

5 vol., haut., 222 millim.; larg., 159 millim., contenant 65 pages de gravures en gris et noir et un frontispice en noir.

Ouvrage très dramatique en tirage inégal, parfois très beau. Bon exemplaire.

199 — Hokusai. *Kyoka Sanju Rokkasen.* Trente-six poètes parodiques.

Même titre au frontispice. Compilateur Senshu Hau.
Préface non signée, cachet Sandara (c'est le compilateur) et datée printemps.
Rien à la fin. La fiche de titre donne le nom du compilateur et celui de l'éditeur Yeijudo. Voir catalogue Haviland, 7° vente, n° 653.

1 vol., haut., 242 millim.; larg., 166 millim., contenant 39 pages de gravures en couleur.

Tirage moyen en assez bon état.

200 — Hokusai. *Beibei Kiodan*. Le roman des deux assiettes.

Auteur : Kiokutei Shujin. Dessinateur : Zen Hokusaï. Ouvrage complet en 8 volumes. Éditeur Gungiokudo à Setsuyo (Osaka).

Préface signée : Suirinkinjin, cachets Taki Sakichi et Kiokutei Bakin Shosakudo. Une réparation masque la date. A la fin du 3°, du 4° et du 5° volume des annonces de Gungiokudo pour des ouvrages d'auteurs divers.

Fin signée : auteur, Shosakudo Bakin; dessinateur : Zen Hokusai Taïto, cachet Kishiutsu Kusoku. Libraires Matsumoto Eisuké, Enomoto Soyémon, Enomoto Eikichi, Kamaya Matahei et Chojiya Eihei à Yoto; Kawachiya Tobei et Kawachiya Mohei à Osaka. Suivent 13 feuillets d'annonces de Gungiokudo, puis une liste de onze libraires divers. Goncourt cite ce roman dans son ouvrage sur Hokusaï. Cachet Hayashi.

8 vol., haut., 226 millim.; larg., 158 millim., contenant 41 pages de gravures en gris et noir et un frontispice en noir.

Exemplaire en assez bon état. Tirage inégal, parfois de premier ordre, moyen ailleurs.

201 — Hokusai. *Agémaki Monogatari, Kohen*. Suite de l'histoire d'Agémaki.

Auteur Tanéhiko. Dessinateur Hokusaï. Éditeur Toendo.

Au début une page de calligraphie signée : Totei, cachet Totei.

Préface signée : Riutei Tanéhiko, date Tsuchinoé Tatsu, 5° Bunka (1808).

Fin signée : Danshuro Monjin, Riutei Tanéhiko. Dessinateur : Katsushika Hokusaï. Graveur Koseido Tsunayuki. Date Tsuchinoto Mi, 6 de Bunka (1809). Éditeurs Enomoto Kichibei et Echizenya Choyémon à Yédo.

5 vol., haut., 185 millim.; larg., 130 millim., contenant 24 pages de gravures en noir.

Couvertures factices sur quoi furent collées les vignettes de l'enveloppe originale de l'ouvrage. Excellent état. Tirage moyen.

202 — Hokusai. *Denshin Kaïshu, Hokusaï Gwakio*. Miroir des dessins d'Hokusaï. Titre intérieur : *Denshin Gwakio*.

Dessinateurs : Katsushika Zen Hokusaï Taïto et Suzuki Rinsho. Édité au printemps de Tsuchinoé Tora de Bunsei (1818).

Préface signée : Sékiu Sanjin, cachet Sékiu et datée 15° de Bunka (1818).

Signé : Katsushika Hokusaï. Compilateurs Gekkotei Bokusen, Taïso. Okuo et Gessai Utamasa. Libraire-éditeur Ishiya Kiubei à Nagoya (Owari). Hayashi n° 1721 et Duret n° 308. Le catalogue Gonse, 3° vente, n° 476, décrit cet ouvrage avec les noms de six libraires de Kyoto, Osaka, Yédo et Nagoya. Ici un seul existe.

1 vol., haut., 260 millim; larg, 185 millim., contenant 50 pages de gravures en noir, plus le frontispice avec titre et date.

Tirage et état moyens.

203 — Hokusai. *Kyoka Kessen Gwazo Shu*. Recueil de poésies parodiques avec portraits des auteurs. Même titre à la première page. Ouvrage complet en trois volumes.

Compilateur Goshatei Kizan. Dessinateur : Saki no Hokusaï I-itsu. Calligraphe Hokien Hiroyoshi. Graveur, Gokiosha Sensei.

La première page de gravure est signée : Hokusaï Aratamé I-itsu, fudé, d'autres dans le cours de l'ouvrage portent la signature : Hokuga, disciple d'I-itsu

Fin, compilateurs Gororo Insei, Kogetsuro Sangi et Nantso Itsuzan. Probablement des disciples de Goshatei Kizan. Mrs Brown cite cet ouvrage parmi ceux d'Hokusaï comme ayant paru sans date. Elle le cite également parmi les ouvrages d'Hokuga (en collaboration avec Hokusaï) en lui donnant la date 1820.

3 vol. réunis en un seul, haut., 225 millim.; larg., 159 millim, contenant 58 pages de gravures en noir.

Bon tirage en état agréable, sauf quelques mouillures.

204 — HOKUSAI. *Hokusaï Mangwa.* 1er volume.

Préface portant le titre *Denshin Kaïshu* signée : Hanshu Sanjin et datée Mizunoé Saru de Bunka (1812).
Fin signée : Toto, Katsushika Hokusaï, cachet Itaïshin ; Hokutei Bokusen, cachet Bokusen et Tonanzaï
Hoku-un, cachet Hoku-un, à Nagoya. Date 11e de Bunka (1814). Éditeurs Erakuya Toshiro à Nagoya, Kadomaruya Jinsuké, Hanabusaya Eïkichi et Takékawa Tobei à Yédo. Une double page d'annonces avant le
colophon.

1 vol., haut., 227 millim. : larg., 156 millim., contenant 52 pages de dessins rehaussés.

Volume propre en assez bon tirage. Trous de vers. 2e édition.

205. — HOKUSAI. *Hokusaï Mangwa.* 2e volume.

Préface signée : Rokujuen.
Fin, éditeur Toékido à Owari, avec une page d'annonces.

1 vol., haut., 228 millim. ; larg., 157 millim., contenant 56 pages de gravures en noir.

Édition tardive (vers 1850). Volume assez propre. Tirage mou.

206 — HOKUSAI. *Hokusaï Mangwa.* 3e volume.

Préface signée : Shoku Sanjin.
Fin signée : Toto Hokusaï Aratamé Katsushika Taïto. Collaborateurs à Toto : Totoya Hokkei et Toenro
Hokusen. Collaborateurs à Nagoya : Gekkotei Bokusen et Tonanzaï Hoku-un. Date 13e de Bunka (1816).
Éditeurs Takékawa Tobei, Hanabusaya Eïkichi, Kadomaruya Jinsuké à Yédo et Erakuya Toshiro à Nagoya.
Avant le colophon, une double page d'annonces de Kadomaruya Jinsuké (c'est l'éditeur).

1 vol., haut., 226 millim. : larg., 158 millim., contenant 56 pages de dessins rehaussés.

Deuxième édition. Tirage et état moyens.

207 — HOKUSAI. *Denshin Kaïshu. Hokusaï Mangwa.* 4e volume.

Préface signée : Hozan Gyoho.
Signé : Toto, Hokusaï Aratamé Katsushika Taïto. Collaborateurs à Toto : Totoya Hokkei et Toenro
Hokusen. Gekkotei Bokusen et Tonanzaï Hoku-un à Nagoya. Date, été 13e de Bunka (1816). Éditeurs Takékawa Tobei. Hanabusaya Eïkichi, Kadomaruya Jinsuké à Yédo, Erakuya Toshiro à Nagoya. Avant le
colophon une double page d'annonces de Kadomaruya Jinsuké (c'est l'éditeur).

1 vol., haut., 226 millim. ; larg., 159 millim., contenant 56 pages de dessins rehaussés.

Deuxième édition. Bon état. Tirage moyen.

208 — HOKUSAI. *Denshin Kaïshu. Hokusaï Mangwa.* 5e volume.

Préface signée : Rokujuen.
Signé : Toto. Hokusaï Aratamé Katsushika Taïto.
Collaborateurs à Toto : Totoya Hokkei et Toenro Hokusen. Gekkotei Bokusen et Tonanzaï Hoku-un à
Nagoya. Date, printemps 14e de Bunka (1817). Éditeurs Takékawa Tobei, Hanabusaya Eïkichi et Kadoma-
ruya Jinsuké à Yédo. Erakuya Toshiro à Nagoya. Avant le colophon huit pages d'annonces de Kadomaruya
Jinsuké.

1 vol., haut., 227 millim. ; larg., 159 millim., contenant 56 pages de dessins rehaussés.

3e édition. Tirage moyen. Bon état. Trous de vers.

209 — HOKUSAI. *Denshin Kaïshu. Hokusaï Mangwa.* 6e volume.

Préface signée : Shoku Sanjin. Page de titre donnant les noms des deux éditeurs Toékido et Shuseikaku.
Signé : Hokusaï Aratamé Katsushika Taïto, cachet réticulé. Collaborateurs à Toto : Totoya Hokkei et Toenro Hokusen. Gekkotei Bokusen et Tonanzaï Hoku-un à Nagoya. Date 14e de Bunka (1817). Éditeurs Takékawa Tobei, Hanabusaya Eikichi, Kadomaruya Jinsuké à Yédo et Erakuya Toshiro à Nagoya. Avant le colophon, huit pages d'annonces de Kadomaruya Jinsuké. A la page 24 les noms des deux naufrages qui se trouvaient dans l'exemplaire décrit catalogue Javal, 1re partie, n° 142, ont disparu ; on ne lit plus que la date du naufrage.

1 vol., haut., 222 millim. ; larg., 156 millim., contenant 56 pages de dessins rehaussés.

3e édition. Tirage moyen. Bon état.

210 — HOKUSAI. *Denshin Kaïshu. Hokusaï Mangwa.* 7e volume.

Préface signée : Shikitei Samba.
Signé : Hokusaï Aratamé katsushika Taïto, cachet réticulé. Collaborateurs à Toto : Totoya Hokkei, Toenro Hokusen, Gekkotei Bokusen et Tonanzaï Hoku-un à Nagoya. Date 14e de Bunka (1817). Éditeurs Takékawa Tobei, Hanabusaya Eikichi, Kadomaruya Jinsuké à Yédo et Erakuya Toshiro à Nagoya. Avant le colophon huit pages d'annonces de Kadomaruya Jinsuké.

1 vol., haut., 226 millim. ; larg., 159 millim., contenant 56 pages de dessins rehaussés.

3e édition. Bon état. Tirage moyen.

211 — HOKUSAI. *Denshin Kaïshu. Hokusaï Mangwa.* 8e volume.

Préface signée : Hozan.
Signé : Toto Hokusaï Aratamé katsushika Taïto. Date printemps, 2e de Bunsei (1819). Collaborateurs à Toto : Totoya Hokkei et Toenro Hokusen. Gekkotei Bokusen et Gessai Utamasa à Nagoya. Éditeurs Takékawa Tobei, Hanabusaya Eikichi, Kadomaruya Jinsuké à Yédo et Erakuya Toshiro à Nagoya. Avant le colophon, huit pages d'annonces de Kadomaruya Jinsuké.

1 vol., haut., 226 millim. ; larg., 160 millim., contenant 56 pages de dessins rehaussés.

3e ou 4e édition. Bon état. Tirage moyen.

212 — HOKUSAI. *Hokusaï Mangwa.* 9e volume.

Préface signée : Bokujuen.
A la fin, une page d'annonces de Toékido à Owari.

1 vol., haut., 227 millim. ; larg., 157 millim., contenant 56 pages de gravures en noir.

D'une édition collective non datée et comprenant au moins les dix premiers volumes. Bon état. Tirage moyen.

213 — HOKUSAI. *Hokusaï Mangwa.* 10e volume.

Préface signée : Shurodaï et datée 10e mois, 2e de Bunsei (1817).
A la fin, une page d'annonces de Toékido à Owari.

1 vol., haut., 228 millim. ; larg., 158 millim., contenant 56 pages de gravures en noir.

Comme ci-dessus.

214 — HOKUSAI. *Hokusaï Mangwa.* 11e volume.

Préface signée : Riutei Tanéhiko.
A la fin, une double page d'annonces d'Erakuya Toshiro.

1 vol., haut., 229 millim. ; larg. 158 millim., contenant 56 pages de gravures en noir.

Comme ci-dessus.

215 — Hokusaï *Denshin Kaïshu. Hokusaï Mangwa*. 14ᵉ volume.

Préface signée : Yakudo O.
À la fin, les noms de 13 libraires, le dernier est Erakuya Toshiro à Nagoya (éditeur).

1 vol., haut., 225 millim.; larg., 156 millim., contenant 56 pages de dessins rehaussés.

Édition très tardive. Bon état. Tirage médiocre.

216 — Hokusaï. *Ehon Suikoden*. Roman historique.

Au frontispice, dessinateur : Katsushika Zen Hokusaï I-itsu, fudé. Date Tsuchinoto Ushi de Bunsei (1829). Éditeur Bankiudo.
Préface signée : Zen Hokusaï I-itsu Rojin, cachet Katsushika et datée 12ᵉ de Bunsei (1829). Puis une page de calligraphie.
À la fin, une page d'annonces. Catalogue Haviland, 7ᵉ vente, n° 674.

1 vol., haut., 222 millim.; larg., 155 millim., contenant 59 pages de gravures en noir.

Tirage moyen. Bon état.

217 — Hokusaï. *Hokusaï Mangwa*. C'est l'ouvrage qu'on appelle la petite *Mangwa* de Hokusaï.

Préface signée : Shoso Suio, cachet Suio.
Fin signée : Toto. Zen Hokusaï Manji O, fudé. Graveur Suzuki Eijiro. Date 14ᵉ de Tempo (1843). Éditeur Hérindo. Duret, n° 356. Voir ci-dessous l'édition en couleur avec des variantes et des pages supplémentaires.

1 vol., haut., 247 millim.; larg., 158 millim., contenant 34 pages de gravures en noir.

Tirage médiocre. Bon état.

218 — Hokusaï. *Hokusaï Mangwa, Sohitsu no Bu*. Mangwa de Hokusaï. Partie des dessins cursifs. On donne dans la préface le titre *Manji O Sohitsu Gwafu* à cet ouvrage.

Préface signée : Kindaï Rojin Toyoko Shizofu, cachets Ida et Shizo et datée Mizunoé Tatsu de Tempo (1832). Calligraphie de Kwayo Shoshi Nagao Kagéyoshi, cachet Gi. Signé : Zen Hokusaï Manji O. Graveur Suzuki Eijiro. Date 14ᵉ de Tempo (1843). Éditeur à Toto Kiukodo (Kikuya Kozaburo). Voir Duret n° 340, et Hayashi, n° 1734, qui dit que le titre *Hokusaï Mangwa, Sohitsu no Bu* appartient aux éditions postérieures.

1 vol., haut., 225 millim.; larg., 155 millim., contenant 45 pages de gravures en couleur.

Tirage médiocre. Assez bon état.

219 — Hokusaï. *Hokusaï Gwafu*. Album d'Hokusaï. Cet ouvrage est composé de dessins tirés de l'*Hokusaï Gwaïshi* et de l'*Hokusaï Sogwa*.

Préface du 1ᵉʳ volume signée : Shinrinshi.
Préface du 2ᵉ volume signée : Kiugwaï Gwaïshi.
Préface du 3ᵉ volume signée : Sankin Gwaïshi Roshonen, cachet Shuritsu Saujin et datée Mizunoto Tori de Kayei (1849).
Libraires Isumiya Ichibei à Yédo et Erakuya Toshiro à Nagoya. Duret n° 361, et Hayashi n° 1736. Le premier volume porte le cachet de possesseur Yamaka et le 2ᵉ volume le cachet Shotoku Nakatoku.

3 vol., haut., 226 millim.; larg., 156 millim., contenant 120 pages de gravures en couleur.

Tirage moyen. Bon état.

220 — HOKUSAÏ. *Ehon Wakan no Homaré.* Album des gloires de la Chine et du Japon.

Dessinateur : Zen Hokusaï Gwakiorojin Manji. Date Kanoé Inu de Kayei (1850). Éditeur Toshoken a Yédo.
Préface signée : Yamazaki Yoshishigé et datée 3e de Kayei (1850).
Graveur Egawa Sentaro. Libraires Isumoji Bunjiro à Kyoto, Kawachiya Kibei à Osaka, Suwaraya Mohei à Yédo et d'autres libraires de ces trois villes, 13 en tout.

1 vol., haut., 222 millim.; larg., 160 millim., contenant 58 pages de gravures en noir.

Exemplaire très frais. Assez bon tirage.

221 — SHINSAÏ. *Shinsen Kyoka Gojunin Isshu.* Nouveau choix de 50 poésies parodiques par 50 auteurs.

Auteur : Kanrohan Achimitsu Shujin. Dessinateur : Riuriukio Shinsaï Shujin. Éditeur Koshodo.
Préface signée : Shosado Shunman et datée Mizunoto Hi de Kiowa (1803). Manque le colophon qui donnait le nom du libraire Tsutaya Juzaburo.

1 vol., haut., 213 millim.; larg., 152 millim., contenant 50 pages de gravures en couleur.

Tirage moyen. Bonne conservation des planches.

222 — AOIGAOKA HOKKEI. *Hokuri Juni Toki.* Les douze heures du Yoshiwara.

Pas de préface. Texte signé : Ishikawa Masamochi (Rokujuen).
Chaque planche porte la signature du dessinateur : Hokkei. Pas de colophon. Cachet de possesseur Kimura Kézo. Duret n° 408, catalogue Gonse, 3e vente, n° 545, et catalogue Odin n° 211.

1 vol., haut., 225 millim.; larg., 156 millim., contenant 24 pages de gravures en noir.

Tirage moyen. Assez bon état.

223 — HOKKEI. *Kyoka Fuso Meisho Zuyé.* Poésies parodiques sur les paysages célèbres du Japon.

Préface signée : Séyokwan no Aruji Uméyo et datée 7e de Bunsei (1824).
Au début du texte titre différent *Fuso Meisho Kyoka Shu.* Fin, compilateur : Séyokwan Uméyo. Dessinateur : Aoigaoka Hokkei. Calligraphe Hokuéshi Shagio. Organisateurs de la réunion Kwagendo Tsugio et Sansuntei Sobi. Graveur Giokiosha Sensei. Date 7e de Bunsei (1824). Éditeur Wakamidori Tei à Ryogoku. Voir catalogue Haviland, 7e vente, n° 724, qui décrit un ouvrage semblable.

1 vol., haut., 227 millim.; larg., 160 millim., contenant 40 pages de gravures en couleur.

Tirage soigné. Bon état.

224 — ICHIRO (GAKUTEI). *Ichiro Gwafu.* Album d'Ichiro.

Préface signée : Shoen Mitsuhiro, cachets Minamoto Ason Mitsuhiro et Gwasendo et datée Mizunoto Hitsuji (1823).
Postface signée : Fujiwara Yanénari. Éditeur Gwasendo. Date Mizunoto Hitsuji. Catalogue Odin n° 214.

1 vol., haut., 227 millim.; larg., 157 millim., contenant 40 pages de gravures en couleur.

Assez bon tirage de ce livre apprécié. État satisfaisant.

225 — GAKUTEI. *Kyoka Nihon Fudoki*. Poésies parodiques sur les provinces du Japon.

Pas de préface. Compilateurs des poésies : Tsurunoya Asamaru et Hokuso Baïko. Certaines planches sont signées : Gakutei.
Rien à la fin, c'est ici le premier volume de cet ouvrage que Mrs. Brown date 1831.

1 vol. sur 2, haut., 222 millim. ; larg., 157 millim., contenant 60 pages de dessins rehaussés.

Bon tirage. État assez bon, sauf les bas de pages fatigués des premiers feuillets.

226 — GAKUTEI et KEISAI. *Saïshiki Eiri Setsuyo Kyoka Shu*. Recueil de kyoka divers illustrés en couleur.

Frontispice, compilateurs : Rokujuen, Shakuyakutei et Mitsugei Han. Dessinateur : Gakutei Teiko. Calligraphe Morikawa Shazio. Correcteur Sokutoen Jobun. Organisateur de l'édition Mitsugi Soren (groupe).
Point de préface. Rien à la fin de l'ouvrage. La première moitié des illustrations est signée : Gakutei ; la seconde : Keisai.

1 vol., haut., 214 millim. ; larg., 150 millim., contenant 28 pages de gravures en couleur (il manque du 24° au 55° feuillet).

Assez bon tirage. État moyen. Couvertures factices.

227 — KEISAI YEISEN. *Sanrio Gwazu. Keisaï Soywa*. Esquisses documentaires. Dessins cursifs de Keisaï.

1er volume, préface signée : Gensei. A la fin 2 pages d'annonces d'Erakoya Toshiro à Nagoya.
2° volume, préface signée : Chinnen Akitsu. Fin signée : Baïlei Kwakei (c'est le dessinateur). Quatre pages d'annonces d'Erakoya Toshiro.
3° volume. Au début, une page d'annonces de Toékido. Préface signée : Kindaï Rojin Tojiko, cachets Tojo et Kin Iaï et datée Tsuchinoto Hi (1839). Fin signée : Keisaï. Trois pages d'annonces d'Erakoya Toshiro à Nagoya, succursale à Yédo.
4° volume. Au début, une page d'annonces de Toékido. Préface signée : Hanagasa Gwaïshi. Fin signée Rayan Genki, cachet Genki avec trois pages d'annonces.
5° volume. Au début, une page d'annonces de Toékido. Préface signée : Ehoshu Ogasa Giosho, cachet Koun et datée Mizunoé Tora de Tempo (1842). Fin signée : Keisaï, cachet Yeisen, avec trois pages d'annonces. Hayashi, n° 1565, le catalogue Isaac n° 469 et le catalogue Odin n° 223.

5 vol., haut., 228 millim. ; larg., 158 millim., contenant 202 pages de gravures en couleur (206 dans l'exemplaire Isaac).

Tirage assez bon, surtout dans les 3 premiers volumes. État agréable.

228 — YANAGAWA SHIGÉNOBU. *Kyoka Meisho Zuyé*. Poésies parodiques sur les beaux paysages.

Compilateur Shakuyakutei, Roan et Gaku Séian. Aides compilateurs Kanyuen Ehobun, Tosenshi Suiraï et Shosuishi Kagahiro. Peintre Yanagawa Shigénobu. Graveur Shiraï Tsunézo. Agent d'édition Kinjuen Jiki. Organisateur Yusantei Ehoshu.
Préface signée : Shakuyakutei et datée de l'année de Inu de Bunsei (1826).
A la fin des premières poésies la date 9° de Bunsei (1826). La 2° partie porte le même titre avec le sous titre *Gokinaï no Bu*, partie du Gokinaï. Peintre Yanagawa Shigénobu. Compilateurs Shakuyokutei et Saïraïkio. Agent d'édition Kinjuen Jiki.
Rien à la fin du volume. Possesseur Okuyama.

1 vol., haut., 227 millim. ; larg., 163 millim., contenant 34 pages de gravures en couleur.

Assez bon tirage. État moyen.

229 — Mosaï Yoshitora. *Kinkwa Shu.* Recueil de brocarts de fleurs. Poésies.

Préface signée : Buseido et datée 5ᵉ de Ansei (1858).
Le dernier dessin est signé : Mosaï Yoshitora. Fin datée 5ᵉ de Ansei (1858). Éditeur Sériutei.

1 vol., haut., 217 millim.; larg., 154 millim., contenant 56 pages de gravures en couleur.

Exemplaire propre en tirage soigné. Couvertures factices.

230 — Ichiyusaï Kuniyoshi. *Todo Niju Shiko.* Vingt-quatre exemples de piété filiale en Chine.

Une page de calligraphie non signée, cachet Daïnando.
Préface signée : Mucha Dojin. Chaque planche est signée : Ichiyusaï Kuniyoshi pour les gravures et Tanékazu pour le texte.

1 vol. gwajo, avec couvertures en bois, haut., 247 millim.; larg , 87 millim., contenant 24 planches de gravures en couleur. L'ouvrage est à double face, un côté contient 11 planches et les 2 préfaces, l'autre 13 planches.

Assez bon tirage. Les planches portent un léger vernis qui les a préservées.

231 — Anonyme. *Furyu Ehon Bijin Kurabé.* Élégant concours de beautés. — *Reproduction, pl. IV.*

Préface portant le titre : *Kyoka Momo Chidori,* poésies sur les oiseaux (oiseaux signifiant jeunes femmes), signée : Shakuyakutei. A la fin, des annonces de l'éditeur Gungiokudo Kawachiya Mohei, Mrs. Brown cite un ouvrage avec le titre que donne ici la préface. Elle le date 1857 et l'attribue à divers auteurs dont Hiroshigé.

1 vol. monté en gwajo, haut., 224 millim.; larg., 150 millim., contenant 30 planches de gravures en couleur.

Petit volume bien conservé. Bon tirage.

232 — Utagawa Toyohiro. *Ehon Yédo Murosaki.* Le livre de Yédo, couleur de violette. C'est une série de huit paysages (*Yédo Hakkei*). — *Reproduction, pl. VI.*

Préface signée : Shikitei Samba, cachet Shikitei, on y nomme l'éditeur, Tsuruya.
La dernière planche est signée : Toyohiro. Pas de colophon. On voit quelquefois des planches détachées de cet ouvrage rare.

1 vol., haut., 254 millim.; larg., 190 millim., contenant 8 planches de gravures en couleur.

Tirage exquis. Assez bon état.

233 — Hokkei et Hiroshigé. *Kyoka Roku Roku Shu.* Trente six poètes de kyoka.

Au frontispice, le titre un peu différent *Shinsen Kyoka Sanja Rokkasen.* Compilateurs : Shakuyakutei, Scuriutei et Oneikaku. Organisateurs : Toreiban Rakusui, Kinsenkutsu Kwanzan et Oshushi Seihon. Aides, le groupe de Sansui Édité l'année Kanoé Né de Tempo (1840).
1ʳᵉ préface signée : Shakuyakutei à l'âge de 73 ans; même date. 2ᵉ préface signée : Muidojin Daïchi, cachet Daïchi à la même date. Les 13 premières pages qui représentent les poètes sont l'œuvre d'Hokkei et portent sa signature. Les 20 dernières qui représentent des paysages sont signées : Hiroshigé. Duret, nᵒ 412.

1 vol., haut., 227 millim.; larg., 162 millim., contenant 33 pages de gravures en couleur.

Très bon tirage. Exemplaire propre.

254 — Ichiryusai Hiroshigé. *Shosei Sho.* Recueil de sons de cloches (108 poésies). — *Reproduction, pl. VI.*

Préface signée : Baien Shoso et datée Hinoé Saru (1836).
Postface signée : Takeuchi Makuzu et datée Hinoé Saru, 7e de Tempo (1836).
Fin, compilateur : Makuzu, cachet Sabaï Jodo. Dessinateur : Ichiryusaï Hiroshige cachet Hiroshigé. Voir catalogue Watanabe, exposition mémoriale, qui décrit, n° 242, un ouvrage semblable.

1 vol., haut., 221 millim. ; larg., 154 millim., contenant 108 pages de gravures en couleur.

État et tirage excellents.

255 — Hiroshigé. *Kyoka Bunrui Shu.* Recueil de kyoka classés.

Au début le nom du compilateur : Kwaïen Baïnei.
Rien à la fin de l'ouvrage. Les dessins sont signés Hiroshigé ou Ichiryusaï. Possesseur Kinshosaï qui écrivit son nom à l'encre rouge au verso de la couverture.

1 vol., haut., 224 millim. ; larg., 156 millim., contenant 54 pages de gravures en noir. (Le 7e feuillet de texte est répété deux fois.)

Tirage et état moyens.

256 — Hiroshigé. *Shodaï Hiroshigé Tokaïdo Meisho Gwajo.* Dessins du premier Hiroshigé. Album des beaux sites du Tokaïdo.

Préface signée : Sojaku Han Hyoko, cachet Sojaku et datée Kanoto Hi de Kayei (1851).
Rien à la fin de l'ouvrage.

1 vol., gwajo. haut., 180 millim. ; larg., 121 millim., contenant 21 planches de gravures en couleur. Les 11 premières portent la signature d'Hiroshigé ; les 10 dernières qui ont un foliotage différent ne sont pas signées.

Charmant petit volume en tirage assez agréable.

257 — Hiroshigé. *Tokaïdo Fukei Zugé.* Les paysages du Tokaïdo.

Dessinateur Ichiryusaï Hiroshigé. Éditeur Kinshodo. Une page de calligraphie sur fond noir signée Shoken.
Préface signée : Riukatei Tanékazu et datée 4e de Kayei (1851).
Le deuxième volume a un frontispice semblable au premier, mais l'éditeur a changé, c'est Shorindo.
Postface signée : Tanékazu et datée 2e de Kayei (1849).
Fin datée 4e de Kayei (1851). Graveur Yoshida Torakichi. Éditeur à Toto, Shorindo Fuji Okaya Keijiro. Les deux volumes n'ont pas le même éditeur et les couvertures en sont différentes ; ils appartiennent évidemment à deux éditions, peut-être contemporaines. Le catalogue Haviland, 7e vente, n° 740, décrit un exemplaire édité par Kinshodo.

2 vol., haut., 180 millim. ; larg., 121 millim., contenant 159 pages de gravures en couleur.

Ni l'un ni l'autre de ces 2 volumes n'appartiennent à l'édition princeps. Le second est de meilleur tirage. Bon état.

258 — Hiroshigé. *Kyoka Momo Chidori.* Poésies parodiques des cents crieurs. — *Reproduction, pl. VI.*

Au frontispice, le titre *Kyoka Hyakunin Isshu*, cent poésies parodiques. Compilateur : Temmei Rojin Takumi. Dessinateur : Rinsaï Hiroshigé.
Rien à la fin du volume. La dernière page donne le portrait du compilateur et le 46e feuillet montre un portrait d'Hiroshigé signé de son nom de plume Tokaïdo Utashigé. Voir catalogue Watanabe, exposition mémoriale, n° 263, qui décrit un ouvrage semblable avec la date 1857.

1 vol., haut., 262 millim. ; larg., 180 millim., contenant 108 pages de gravures en couleur.

Ouvrage rare, en bon état et en tirage charmant.

239 — HIROSHIGÉ. *Fujimi Hyakkuzu*. Cent vues du Fuji.

1re préface signée : Riurin Senkwa et datée Tsuchimoto Hitsuji (1859).
2e préface signée : Riusaï.
Dessinateur : Hiroshigé.
A la fin du volume les noms de nombreux libraires. Hayashi n° 1793. Mrs. Brown donne 1857 comme date d'édition à cet ouvrage.

1 vol., haut., 218 millim.; larg., 154 millim., contenant 42 pages de gravures en couleur.

Exemplaire frais. Assez bon tirage.

240 — DIVERS. *Kaïshi Gwaden*. Edition japonaise du *Kiai Tseu Yuan Houa Tchouan*. Les enseignements de la peinture du jardin grand comme un grain de moutarde.

Préface signée : Kiai Tseu Yuan Cheng Kouan. On y dit que cet ouvrage fut commencé en 1682 et terminé en 1701. Le 5e volume contient des annotations japonaises manuscrites.

2 vol. sur 12 (le 4e et le 5e), haut., 283 millim.; larg., 182 millim., contenant 70 pages de gravures, en couleur pour le 4e, en noir pour le 5e.

Il est bien entendu que ces deux volumes sont des fac-similés japonais du livre chinois du grain de moutarde.

ERRATA AU CATALOGUE JAVAL, 1re PARTIE

N° 9 — Cet exemplaire serait une réédition de l'ouvrage *Jison Kashu* dont la 1re édition, citée par Mrs Brown, aurait paru en 1678.

N° 38 — Date 4e de Eukio (1717); *lire* (1747).

N° 40 — 9 pages de gravures; *lire* 10 pages.

N° 41 — 55 pages de gravures; *lire* 54 pages.

N° 42 — 6e de Kyoho (1751); *lire* 16e de Kyoho.

N° 56 — Suwaraya Ichibei, *lire* Onogi Ichibei.

N° 57 — L'exemplaire du British Museum, comme celui de la vente, fut édité à Osaka. Mrs Brown le situait à Yédo par erreur.

N° 62 — Catalogue Gonse. 1re vente, n° 191, *lire* 174.

N° 75 — 1re préface signée : Katsukawa Sunsho, cachets Rinrin et Shunsho et datée 2e de Anyei (1775); *lire* 1re préface signée : Watanabé Hiroshi, cachets Hiroshi et Azana Hakuritsu et datée 3e de Anyei (1774).

N° 77 — Kitao Shikémasa, *lire* Kitao Shigémasa.

PLANCHE IX. n° 117, *lire* 118 et n° 118, *lire* 117.

8

43

10

80

24

26

4

59

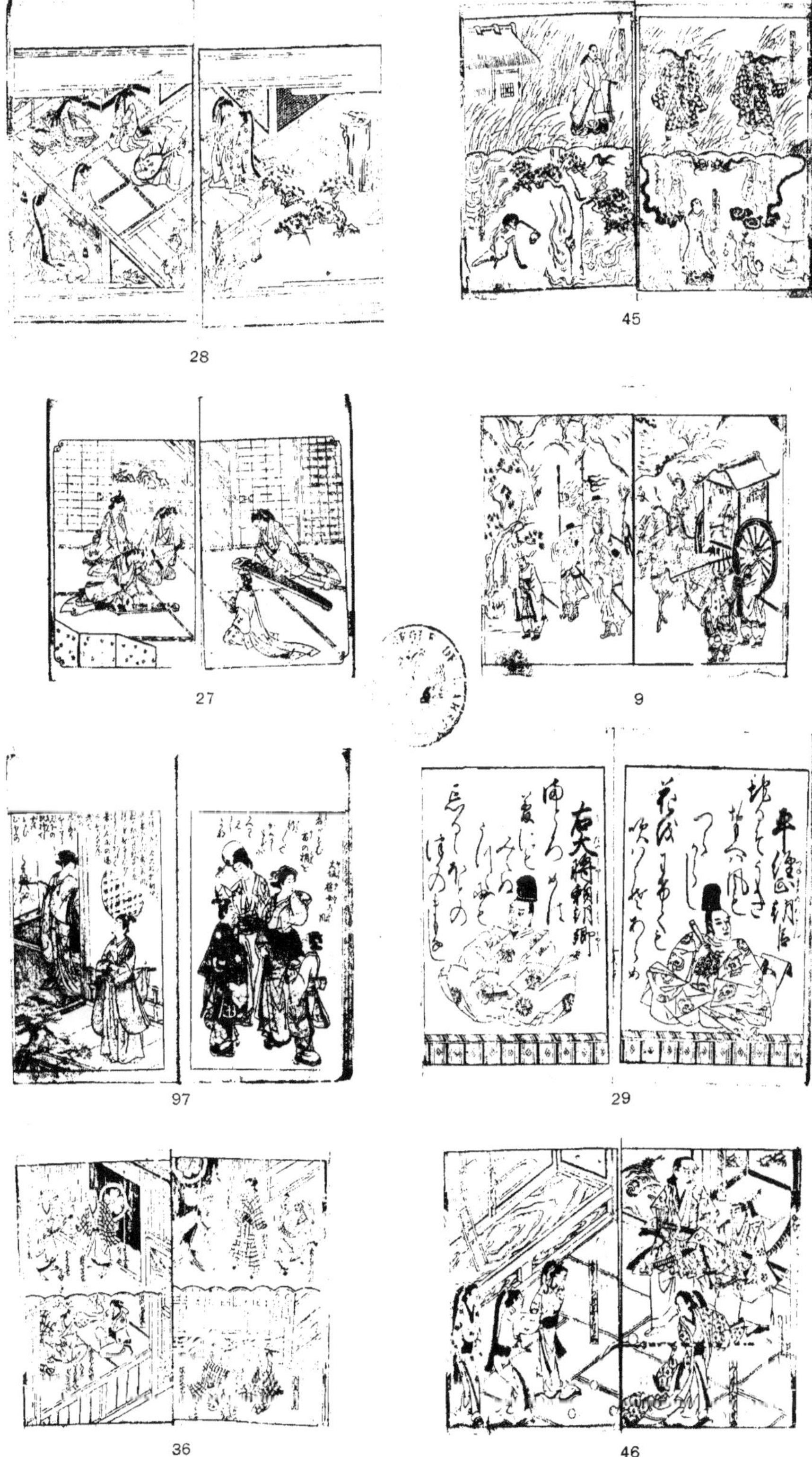

28

45

27

9

97

29

36

46

148

94

81

42

73

185

21

231

136

109

152

95

58

116

88

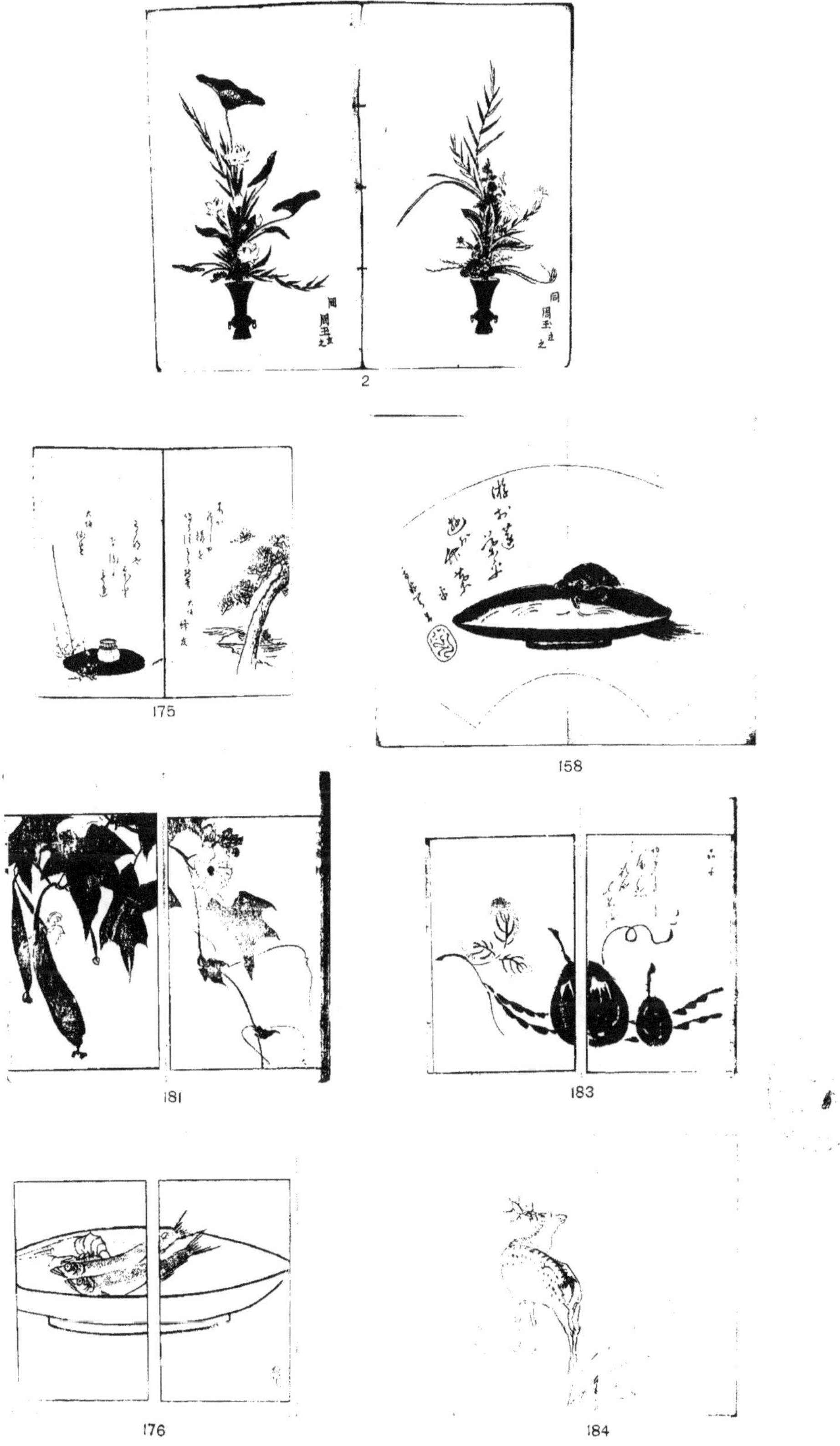

2

175

158

181

183

176

184

113

232

86

111

129

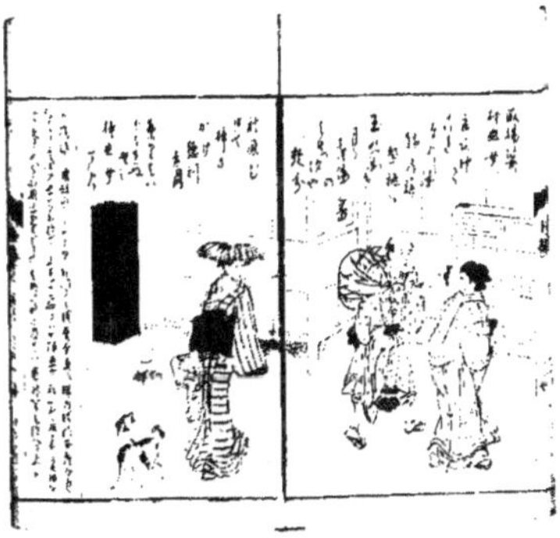

104

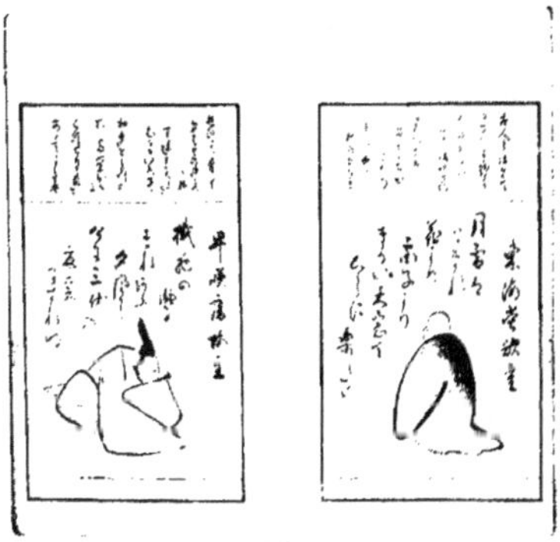

238

234

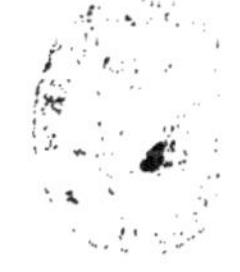